金持ち父さんの
21世紀のビジネス

THE BUSINESS OF THE 21ST CENTURY

ロバート・キヨサキ
ジョン・フレミング
キム・キヨサキ

白根美保子 訳

筑摩書房

RICH DAD™

THE BUSINESS OF THE 21ST CENTURY

第三部　あなたの未来は今始まる

装幀――小田蓉子（井上則人デザイン事務所）

金持ち父さんの21世紀のビジネス

The Business of the 21st Century
by Robert T. Kiyosaki
with John Fleming and Kim Kiyosaki

Japanese translation rights licensed by
Rich Dad Operating Company LLC.

献辞

今、人生の岐路に立つたくさんの人たち——最近の経済危機の影響を受け、自分の将来の経済状態を安定したものにするためにどうしたらよいかわからずに、途方に暮れている何百万もの人たち——に本書を捧げる。

今の時代は確かにひどい時代に思えるかもしれないが、実際は、自分の未来を自分でコントロールする力を手に入れる絶好の時だということをみなさんに知ってもらいたい。

私はこれまでの人生を、経済的自由を手に入れる方法を人々に伝えるために捧げてきた。本書も「金持ち父さんシリーズ」のほかの本と同じように、みなさんが富を築き、これから先、長年にわたってそれを維持していくために必要な知識と洞察をみなさんにお伝えするために書いた。お金がどのような仕組みで働くか、そして、この二十一世紀にどんなビジネスチャンスが待っているか、本当のところを知れば、あなたもきっと自分の望み通りの人生を築き始めることができるだろう。

はじめに

経済はめちゃくちゃ、たとえまだ勤め先があったとしても、その先行きは危うい……お気付きだろうか？これは私がもう何年も前から警告を発し続けてきた状況だ。

たいていの人は世界的な金融崩壊があってはじめて、このような現実を耳にした。でも本書は、なぜすべてがこのような急激な崩壊の道をたどったか、その理由や過程についてお話しする本ではない。本書は、この「悪い知らせ」が実はとても「良い知らせ」――それにどう対処したらいいか知っている人にとっては――であるのはなぜか、その理由についてお話しする本だ。

私はビジネスについて多くのことを二人の人物から学んだ。高い教育を受け政府機関の要職に就いていた実の父と、八年生（中学二年生）で中退し自力で大金持ちになった、親友の父親だ。実の父は一生ずっとお金のことで苦労し、あれほど長い間、身を削るようにして働いたのにほとんど何も残さずに亡くなった。一方、親友の父親はハワイ州でトップクラスの金持ちになった。

私はこの二人のことを、自分にとっての「貧乏父さん」、「金持ち父さん」だと考えていた。実の父のことはとても好きだった。だから、父を苦しませたのと同じような屈辱や失敗を経験しないですむように、できるだけ多くの人の手助けをしようと心に誓った。

家を出てから、私はさまざまな経験をした。海兵隊のヘリコプターのパイロットとしてベトナムにも行った。ゼロックス社に就職し、成績最低の営業マンとして働き始め、四年後にはトップ営業マンとなって退職した。ゼロックスをやめたあと、数百万ドル規模の国際的ビジネスをいくつか立ち上げ、四十七歳で引退して自分の夢を追いかけられるようになった。その夢とは、人々に富を築く方法を教え、まあまあの生活に甘んじて苦々しいあきらめの気持ちと共に生きるのではなく、自分にとって理想の人生を生きる方法を教えることだ。

一九九七年、私は自分の経験を一冊の小さな本にまとめた。この本の内容は少なくとも何人かの読者の心の琴線にふれたようだった。『金持ち父さん　貧乏父さん』はニューヨークタイムズ紙のベストセラーリストに入り、それから四年間、その地位に留まって、「ビジネス本で史上最高のベストセラー」と称された。その後、私は「金持ち父さんシリーズ」として、何冊もの本を出してきた。焦点の合わせ方はそれぞれ少しずつ異なっているが、どの本も読者に伝えたいことは最初の本とまったく同じだ。それはあなたが今、手に取っているこの本に込められたメッセージでもある。そのメッセージとは――

自分の財政状態に対する責任は自分でとろう。それがいやなら、これから一生、他人からの命令に従うことをよしとしよう。人はお金の主人になるか、奴隷になるか、二つに一つだ。どちらを選ぶかはあなた次第だ。

私の場合、さまざまな経験や良き師《メンター》を通して真の富を築く方法を学ぶことができて、本当にラッキーだった。そのおかげで、もう二度と働く必要のない状態で引退することができた。その時まで、私は自分の家族の未来を築くために働いてきた。そのあとは、「あなたの」未来を築く手助けをするために働いている。

二十一世紀の今、真の富を築く方法を学ぶことによって人々が自分の人生を変える手助けをするにはどうしたらいいか？　過去十年間、私はそのための最も効果的、最も実践的な方法を探すことに真剣に取り組んできた。「金持ち父さんシリーズ」の中では、仲間と共に、さまざまに異なるタイプの事業や投資について書いてきた。こうして何年も集中的な調査・研究を続ける中で私は、多くの人が自分の人生の経済的側面、自分の未来、自分の運命をコントロールできるようになる可能性を一番多く秘めていると思える一つのビジネスモデルに出会った。

もう一つここで言っておきたいことがある。それは、私の言う「真の富」とは、お金だけを意味するものではないということだ。お金も含まれているが、それがすべてではない。真の富を築く場合は、築かれる富と同じくらい、それを築く人が大事だ。

この本の中で私は、あなたが自分自身のビジネスを築く必要がある理由、具体的にどんな種類のビジネスを築いたらいいかを明らかにするつもりだ。でもこれは、今あなたが関わっているビジネスの種類を変えることだけを意味しているわけではない。あなた自身を変えることも意味している。あなたにぴったり合ったビジネスを育てるために何が必要か、それを見つける方法を教えることはできるが、そのビジネスを成長させるためにはあなた自身も成長する必要がある。

二十一世紀のビジネスの世界へようこそ！

第一部
自分の未来を自分でコントロールしよう

今なぜ自分のビジネスが必要か?

第一章 ルールが変わった

私たちは不安な時代に生きている。過去数年の間、アメリカ中の家庭の食卓に、ニュースの見出しに、あるいは重役会議の席上に、恐怖やパニックを引き起こす話題が絶え間なくのぼっている。グローバリゼーション、アウトソーシング、ダウンサイジング、差し押さえ、サブプライムローン、クレジット・デフォルト・スワップ（CDS、金融派生商品《デリバティブ》の一種）、投資詐欺、ウォール街の失態、景気後退など、悪いニュースは切れ目なく続く。

二〇〇九年の最初の数カ月、アメリカ企業のレイオフ数は一カ月につき約二十五万人にまで達した。今私がこの原稿を書いている二〇〇九年末、アメリカの失業率は一〇・二パーセントで、さらに上昇を続けているし、不完全就業（職には就いているが、就業時間および給料が大幅に減った状態）率はこれよりさらに高い。有給の職の激減は、ほとんどの人がそれに対する免疫を持っていない伝染病のように猛威をふるっている。会社の役員、中間管理職から事務員、肉体労働者《ブルーカラー》まで、銀行員から小売店の店員まで、ありとあらゆる職業の人が危険にさらされている。ごく最近まで、労働市場の「安全地帯」と考えられていた医療業界でさえ、そこで働く人たちの数を大幅に削減する方向にある。

二〇〇八年の秋、多くの人々の退職用ポートフォリオが突然、価値の半分、あるいはそれ以上を失った。

不動産の価格は暴落し、しっかりとした実体があって、頼りになる資産だと人々が「思っていた」ものが、湯気ほどの実体しかなかったことがわかった。「職業の安定」などもうどこにもない。過去の遺物だ。二〇〇九年のUSAトゥデイ紙の調査によると、調査対象となったアメリカ国民の六〇パーセントが、現在の経済状況を人生最大の危機ととらえている。

もちろん、あなたはこんなことはもうよく知っている。でも、もしかすると、次のようなことはまだ知らないかもしれない。それは、このような状況はどれも今に始まったことではないということだ。確かに、大きな経済危機のおかげで、人々は自分たちの生活が危機にさらされているという現実に気付き始めた。でも、あなたの収入は一夜にして危うくなったわけではない。それはいつだって危うい状況にあった。

アメリカ国民の大部分は長年の間、その月の生活費をまかなうのに一カ月先、あるいは二カ月先の給料をあてにして、一歩踏み外せば支払い能力を失って破産という絶壁の淵に立って暮らしてきた。典型的なアメリカ家庭の場合、衝撃を受け止めるクッション、つまり現金の蓄えはほんのわずかだし、クッションがまったくないという場合の方が多いくらいだ。

給料は「自分の時間と交換に得たお金」と呼ぶことができる。そして、これは不景気の時代には、収入源として一番不確実性が高い。なぜか？　それは、被雇用者の数が減り始めると、個人が自由に使える「可処分所得（税引後の所得）」が減り、世の中を流通していてあなたの時間を買ってくれるお金も減るからだ。

■ほら、私が言った通りだろう？

「ほら、私が言った通りだろう？」などと自慢げに言いたくはないが、実際その通りだからしかたない。

私は何年も前からこう言い続けてきた――安定していて将来の保障された仕事などというものはもう存在しない。「アメリカ株式会社《コーポレート・アメリカ》」は絶滅の危機に瀕した二十世紀の恐竜だ。本当に安定した未来を手に入れたいと思ったら、その未来をあなた自身でコントロールするしかない。

二〇〇一年に出版された『金持ち父さんのビジネススクール』の中で、私は次のように書いている。

私が思うに、アメリカおよび多くの西側諸国は、現実的なファイナンシャル教育を学生に充分に与えることができない教育システムのせいで、大きな金融危機を迎えようとしている。

同じ年、自己開発プログラム会社、ナイチンゲール－コナント社のために行ったインタビューの中で、私は次のように言っている。

投資信託があるから大丈夫だと思っている人、株式市場の変動に全財産を賭けようと思っている人は、自分の引退後の生活自体をそこに賭けているようなものだ。株価が一時上がったとしても、あなたが八十五歳になった時、それがまた大暴落したらどうなるだろう？　あなたにはなすすべもない。投資信託が悪いと言っているわけではない。ただ、安全ではないし、賢明な選択でもなく、私だったら自分の将来の財政状態をそれに賭けることはしないと言っているだけだ。

これほど多くの人が引退後の生活を株式市場に賭けている状況は、世界史上いまだかつてなかった。これは正気の沙汰ではない。もしあなたが、社会保障が自分の面倒を見てくれると思っているとしたら、復活祭に子供たちに卵を届けると言われるイースターバニーを信じているのと同じだ。

二〇〇五年三月に受けたインタビューの中では、こんなふうに言っている。

紙の資産《ペーパーアセット》（株式、社債など）の最大の強みは流動性だ。それは同時に、最大の弱みでもある。私たちはみんな、いつかまた株式市場に暴落があって、誰もがまたすべてを失うことを知っている。それなのに、なぜそんなことをするのか？

ここで、つい最近何が起きたか思い出してほしい。新たな市場の暴落があって、多くの人がまたすべてを失った。なぜか？　なぜなら、惰性と頭の固さがまた私たちにつけを回してきたからだ。

一九七一年、アメリカは金本位制をやめた。ついでに言っておくと、これは議会の承認なしに行われた。だが、今重要なのはそのことではなく、金本位制の廃止そのものだ。なぜそれほど重要なのか？　なぜなら、そのおかげでアメリカは実際的で確実な真の価値のあるものの裏付けなく、好きなだけお金を刷ることができるようになったからだ。

この実体からの乖離は、史上最大の好景気への門戸を開いた。その後三十五年の間に、アメリカの中産階級が激増した。アメリカドルの平価が切り下げられ、不動産、そのほかの資産の簿価が上昇するにつれ、ごく普通の人たちが百万長者になった。突然、誰でも、いつでも、どこでも、信用販売《クレジット》を利用できるようになり、クレジットカードが「雨後のたけのこ」のように出現した。そして、クレジットカードの支払いをするために、アメリカ国民は自分の家をATM代わりに使い始めた。ローンを組み替えてはお金を借りることを繰り返すようになったのだ。

「いずれにしろ不動産はずっと値上がりを続ける、そうだろう?」

そうは問屋が卸さない。二〇〇七年までに、この「金融の風船」はポンプで注入された熱い空気でぱんぱんに膨れ上がった。そして、幻想はまたしてもぺちゃんこにつぶれた。崩壊したのはリーマン・ブラザーズやベア・スターンズなどの企業だけではなかった。何百万人もの人が401(k)などの年金や仕事を失った。

一九五〇年代、ゼネラル・モーターズ(GM)社がアメリカで最も元気な企業だった頃、メディアはGMの社長の言葉を取り上げ、一つのスローガンを作り出した。その後数十年にわたり広く使われることになったこのスローガンは、"As GM goes, so goes the nation."(GMが進む道をこの国も進む)というものだったが、今となってみると、これは手放しで喜べる話ではないかもしれない。なぜなら、二〇〇九年、GMが向かっていたのは破産への道だったからだ。そして、その年の夏には、カリフォルニア州が州費の支払いのために現金ではなくIOU(借用証書)を使うようになっていた。

今現在、アメリカ国民の持ち家率は低下しつつある。ローン未払いのために住宅を差し押さえられるケースは前代未聞の数に達し、中産階級の世帯数は減りつつある。貯蓄はたとえあったとしても、残高は以前より大幅に減り、世帯の抱える借金は増えている。公的基準で「貧困ライン」より下のレベルで暮らしている人の数が急増し、六十五歳以上で働いている人の数も増える一方で、新たな破産件数は記録を更新し続けている。そして、多くのアメリカ国民は引退するのに充分な資産を持っていない――充分どころか、ほとんどないに等しい。

このような「悪い知らせ」の数々にあなたは注意を喚起されただろうか? 当然そうだろう。注意を喚起されたのはあなただけではない。多くのアメリカ人がやっと、ベッドの端までころがって目覚まし時計のスヌーズボタンを押し、また眠り込むのをやめた。すばらしい! これでみんな目が覚めて、現状に気が付いた! ところで、その現状はあまりかんばしくない。だから、もっと目を凝らして、現状が本当に意味するところは何か、それについて自分にできることは何か見極めよう。

■「新世紀」の時代

私が子供の頃、両親が教えてくれた「成功の方程式」は、おそらくあなたが教えられたものと同じだと思う。それは、学校に通い、一生懸命に勉強していい成績をとって、福利厚生が充実し、安定していて給料の高い仕事に就けるようにしなさい、そうすれば仕事が面倒を見てくれるというものだ。

でも、これは産業時代の考え方だ。今はもう産業時代ではない。仕事はいつまでもあなたの面倒を見てはくれない。政府もあなたの面倒を見てはくれない。誰もそんなことはしてくれない。今は新しい世紀だ。ルールが変ったのだ。

私の両親は雇用保障、企業年金、社会保障、メディケア(高齢者医療保険)などが自分たちを助けてくれると信じていた。これらはどれも、使い古され時代遅れとなった過去の遺物だ。今では雇用保障など笑い話だし、終身雇用という考え方——全盛期のIBMで高々と謳われていた考え方——自体が、手動式タイプライターと同じくらい時代遅れになっている。

これまでは多くの人が401(k)は安全だと思っていた。何と言ったって、優良株《ブルーチップ》と投資信託に支えられているんだから、おかしなことになるわけがない……。その後わかったように、何にでも失敗の可能性はある。神聖にして犯すべからざる「聖牛」たちが乳を出さなくなった理由は、すべて時代遅れになってしまったからだ。年金も、雇用保障も、退職後の所得保障も、すべて産業時代の考え方だ。情報時代の今、私たちは情報時代の考え方をする必要がある。

幸いなことに、人々はいろいろなことに耳を傾け、学び始めた。そうすべきだとわかるのに艱難辛苦を経なければならなかったのは残念だが、少なくとも大事なことがわかり始めてきた。ドットコム・バブルの崩壊、9・11同時多発テロの経済余波、二〇〇八年の金融パニック、二〇〇九年の不景気といった大きな危機を経験するたび、昔ながらのセーフティネットが持ちこたえられないことに気付く人が増えている。「企業神話」はもう終わった。何年もかけて企業の昇進の梯子を登ってきた人は、立ち止まり、目の前に見えるものに注意を払ったことがあるだろうか?　何が見えるか?　それは前にいる人のお尻だ。あなたが楽しみに待ちこがれているのはそれだ。これから一生ずっとそれをながめていたいという人には、この本はおそらく向いていない。でも、もしあなたが他人のお尻をながめるのに飽き飽きしているとしたら、ぜひ先を読んでほしい。

■もうだまされるな

この原稿を書いている今も、失業率は上昇し続けている。あなたがこの本を読む頃はどうなっているだろう?　それは誰にもわからない。状況は変わっているかもしれない。だが、だまされないようにしよう。いずれは必ずそうなるだろうが、雇用状況や不動産市場が好転し、再び借金が簡単にできるようになったとしても、前と同じ間違った安心感にとらわれないようにしよう。そもそもこの間違った安心感のせいで、あなたをはじめ世の中のすべての人が、今のような混乱に落とし入れられたのだから。

二〇〇八年夏、ガソリンの値段が一ガロン四ドル以上に跳ね上がった。SUV（スポーツ用多目的車）の売り上げは池に落ちた石のように沈み込み、突然、誰もが燃費のいいハイブリッド小型車の流行に飛びついた。でも、次に何が起こったか見てみるといい。二〇〇九年までに、ガソリンの値段は二ドル以下に戻り、案の定、人々はまたSUVを買い始めた！

何だって？　そんなに都合よく燃料の値段が低く保たれると、私たちは本気で思っているのだろうか？　ガソリンの値段はこれを最後に低く保たれる、だから高燃費車を買うのは完全に理にかなっている……私たちは本当にそんなに近視眼的な（これは手加減した言い方だ。私が使いたかったのは「ばかな」という言葉だ）考え方しかできないのか？

残念ながら、答えは「イエス」だ。私たちは一度だけでなく、何度も繰り返し、だまされるがままになっている。私たちはみんな、イソップのアリとキリギリスの寓話を聞いて育った。それなのに、驚くほど多くの人たちが、将来に関してキリギリスのような考え方をして生活している。

メディアの見出しに振り回されないようにしよう。「人生を築く」という大事な仕事からあなたの注意をそらそうとするばかげた騒音はいたるところにあって、いつも耳に飛び込んでくる。でも、それは単なる雑音だ。テロリズムも、不景気も、あるいはつい最近もあったが、大統領選挙のたびに暴露される数々のスキャンダルも、どれもあなたが自分の未来を築くために今やるべきこととは何の関係もない。

一九二九年に始まった大恐慌の間に大金持ちになった人がいる一方、一九八〇年代の不動産ブームのような好景気の時代に、自分の未来を自分で管理することを怠り――私が本書でみなさんにこれから伝えたいと思っていることを、結果としてすべて無視し――、生活苦や破産に追い込まれた人が大勢いる。そういう人たちの大部分は、実際に今でもお金のことで苦労したり、破産状態のままでいる。

景気のよしあしは問題ではない。問題はあなた自身だ。

あなたは企業に蔓延する腐敗に怒りを感じてはいないだろうか？　このようなひどい状況を生じさせた金融市場、大銀行に対してはどうだろう？　充分なことをしない、あるいはよけいなことをやりすぎる政府、つまり悪いことはやりすぎて、いいことはやり足りない政府に対してはどうだろう？　もっと早く自分の人生をコントロールしようとしなかった自分自身に対してはどうだろう？

人生は楽ではない。大事なのは、それに対してあなたがどう対処するかだ。不平を言うだけではしっかりした未来を築くことはできない。金融市場や大銀行、「アメリカ株式会社」、あるいは政府を責めてもだめだ。

安定した未来がほしいと思ったら、自分でそれを作り出す必要がある。そして、未来を自分で作り出すための主導権を握るには、収入源を自分でコントロールするしかない。つまり、あなた自身のビジネスが必要だ。

（第二章）

逆境こそがチャンス

二〇〇九年六月十三日、タイム誌の二ページ目に、「ロバート・キヨサキへの十の質問」と題された記事が掲載された。質問のうちの一つは「この混乱した経済の中で、新しい会社を起こすチャンスはあるか？」というものだった。

「そんなこと聞くなんて、冗談だろう？」私の頭にまず浮かんだのはこの言葉だったが、実際は次のように答えた。

「今は絶好の時だ。不景気の時代こそ、真の起業家たちが姿を現す時だ。起業家は市場が上向きだろうが下向きだろうが、まったく気にしない。起業家はよりよい製品、よりよいプロセスを作り出す。だから『今はチャンスが少ない』と言う人がいたとしたら、それはその人が負け犬だからだ」

あなたはもう、経済に関する悪いニュースをいやというほど聞かされている。そろそろいいニュースを聞きたいと思っているのではないだろうか？　本当は悪いニュースこそがいいニュースなのだ。タイム誌に言ったのと同じことをあなたに言いたい。不景気の時期こそがあなた自身のビジネスを始める絶好の時だ。世の中が不景気になり始めると、寒い冬の夜にかきたてられた薪ストーブのように、起業家精神がめらめらと燃え上がる。

質問：数十億ドル規模のビジネスで、大成功を収めて世界中に名が知られていること以外で、マイクロソフトとディズニーの二つの企業帝国に共通していることは何か？

答え：どちらも不景気の時期に創業された。

実際のところ、現在ダウジョーンズ平均工業株価の構成銘柄となっている企業の半分以上が、不景気の時期に創業されている。

なぜか？　理由は簡単だ。経済が不安定な時代に人々は創造的になる。自分の「快適ゾーン」から外に出て、家計のやりくりを少しでも楽にするために自ら進んで行動に移る。つまり、古きよきアメリカの起業家精神が最もいい形で稼動する。先の状況が困難になると、困難に負けない人間が先に進む。

新しいチャンスに対する需要は経済状況が厳しくなると増加する。数年前、住宅の値段が上がりローンがどこでも利用できた時には、腹を空かせている人はいなかった。みんな腹いっぱい食べ、安心しきっていて、新しい収入の可能性など探る人はほとんどいなかった。従業員は雇用主の財政状態の心配も、将来クビを切られるかもしれないといった心配も一切していなかった。

でも、レイオフの嵐が吹き荒れ、誰もが将来の先行きに不安を抱いている今は、何百万もの人が自分の財政状態を真剣に見直し、安心して頼れる確かな未来を手に入れたかったら代替プランを見つけなければならないことに気付き始めている。今の人たちは余分なお金を稼ぐことにこれまでになく積極的になっている。そのおかげで、いろいろなことを受け入れる力が増し、新しい方法に対して心を開こうという気持ちも強くなっている。

実は、このような現象は最近になって経済崩壊が起こる前からすでに始まっていた。八〇年代以降、特に世紀が新しくなったあたりからずっと、自分の未来の経済状態を自分でコントロールしたいという傾向は強くなっている。「二十一世紀のアメリカの仕事と起業家精神とチャンス」と題された二〇〇七年の報告の中で、合衆国商工会議所は次のように言っている。「何百万ものアメリカ人が、自らスモールビジネスを経営することで起業家精神を実践している」

さて、私自身はエコノミストではないが、知り合いにエコノミストがいる。ポール・ゼーン・ピルツァーだ。

ポールは青年実業家だ。最年少でシティバンクの副社長を務めたあと、自分のビジネスを立ち上げて金持ちになるために銀行業界から足を洗った。ニューヨークタイムズ紙でベストセラーとなった本も何冊か書いていて、貯蓄貸付組合の危機を早くから予測していた。また、二人の大統領の経済顧問も務めている。彼こそ私たちが耳を傾ける価値のある人間の一人だ。

ポールは、「会社—従業員」という伝統的な職業構造が起業家としての生き方に取って代わられた結果起こる、職業生活の本質に関する文化的価値観の百八十度の転換について、次のように語っている。

「二十世紀後半における昔ながらの賢い生き方は、学校へ行き、いい教育を受け、大きな会社に勤めることだった。自分でビジネスを始めるという考え方は、たいていの場合、危険とみなされた。もしかするとすばらしいことかもしれない、だが危険だ……それに、もしかすると、少しクレイジー……というのが大方の見方だった。今では、状況はまったく逆だ」

ポールは正しい。先ほど取り上げた合衆国商工会議所による報告書は、アメリカ国民の六十一パーセントが自営業者になりたいと思っているという、ギャラップ世論調査の結果にもふれている。フレズノのリサーチ会社、ディサイファーによって行われた別の世論調査では、アメリカの成人のうち七十二パーセントが、人に使われて働くより自分のために働きたいと思っていて、六十七パーセントが「定期的に」または「常に」今の仕事をやめたいと思っているという結果が出ている。

これは、どのようにして「生計を立てるか」ということだけに関わる問題ではない。それと同時に、どのように「人生を生きるか」に関わっている。人々は、自分の生き方をもっと自分でコントロールしたいと思っている自分に気付き始めている。みんな、もっと家族との絆を深め、自分の時間を自分で管理し、自宅で仕事をし、人生を自分で切り開きたいと思っている。今取り上げたディサイファーの調査では、調査対象者の八十四パーセントが、もし自分でビジネスをしていたら仕事にもっと情熱を持てると思うと言っている。自分のために働きたいと思う一番の理由は「毎日の仕事をもっと情熱を持ってやれるようになりたい」ということだった。

つまり現状はこうだ——今、「他人のために働く仕事を見つければ、幸せで満ち足りた末永い人生に続く道が手に入る」という約束に基づいた二十世紀の神話、「雇用保障」が、私たちの目の前で崩れつつある。

■ 雇用保障という神話

たいていの人は周囲の状況によって洗脳されていて、雇用されることが普通だと考えるようになっている。だが実際は、被雇用者になるという考え方自体、歴史的に見て、「普通」どころか、かなり最近の現象だ。

農業時代、ほとんどの人は起業家だった。確かに自分の土地は持っておらず、王の土地で働く農民だったが、王に雇われた「従業員」ではなかった。つまり、王から給料を受け取っていたわけではない。むしろ、その逆だった。つまり、王の土地を使う権利と引き換えに、農民の方が王にある種の「税金」を払っていた。このような農民たちは、実際のところ、スモールビジネスの起業家として生計を立てていたと言える。肉屋、パン屋、燭台職人も同じだ。彼らは自分の職業を代々子供に伝え、その名称は今もよく聞かれる苗字として残っている。たとえば、スミスは村の鍛冶屋（blacksmith）に由来する名前だし、ファーマーは、昔、その家が農業をしていた（farming）ことを意味し、テイラーは仕立て屋（tailor）、クーパーは桶屋を表す昔の言葉（cooper）に由来している。

新しい需要、つまり従業員に対する需要が増えてきたのは産業時代になってからだ。その需要に応える形で、政府はプロイセンのシステムを採用することによって、大衆に集団教育を与える役目を引き受けた。このシステムは、今日でも大部分の西側諸国の教育システムの手本として使われている。

六十五歳で定年という考え方がどこから来たのか、あなたは疑問に思ったことはないだろうか？　ここでその答えを教えよう。これはプロイセンの宰相、オットー・フォン・ビスマルクが一八八九年に言い出したことだ。実際は、ビスマルクの考えたプランでは六十五歳ではなく七十歳で定年となっていたが、ここではその開始年齢にあまり意味はない。国民に六十五歳から年金を保障したとしても、それはビスマルク政権に大した財政的リスクをもたらすものではなかった。当時、プロイセン国民の平均余命は四十五歳だったのだから。今は、八十代、九十代まで元気でいる人がたくさんいるから、そんな約束をしたら連邦政府は数世代のうちに破産しかねない。

プロイセンの教育システムの背後にどんな哲学が隠れているか調べてみると、このシステムの目的が兵隊と従業員を作り出すこと、つまり命令に従い、言われた通りにする人間を生産することにあったのがわかる。プロイセンのシステムは従業員を大量生産するためのものだ。

六〇年代、七〇年代のアメリカでは、ＩＢＭのような企業は「終身雇用」を雇用保障のための最高の規範としていた。ところが、ＩＢＭの雇用は一九八五年にピークを迎え、その後は、しっかりした企業に勤めていれば一生安心して暮らせるという考え方は根底から揺らぎ、影が薄くなるばかりだ。

「ＧＭが進む道をこの国も進む」

このスローガンがもてはやされた時代から半世紀たった今、ＧＭを取り囲む状況は厳しい。これはアメリカの命運が尽きたことを意味するのだろうか？　この質問に対する答えは「ノー」だが、ほかに命運が尽きたものが確かにある。それは企業による生活保障の神話と、老後の準備のための「四十年プラン」だ。

■起業熱

私はなにも、雇用されることが悪いと言っているわけではない。ただ、雇用という形態は収入を生み出す一つの方法に過ぎず、しかも非常に効力の限られた方法だと言っているだけだ。今、人々はその事実に気付き始めている。そういう人たち――あなたも含めて――は、自分が本当にほしいと思っているものを手に入れる唯一の方法が、起業の道に足を踏み入れることだと気付きつつある。

ところで、このような変化に注目しているのは私一人ではない。あなたは『ムハマド・ユヌス自伝――貧困なき世界を目指す銀行家』の著者、ムハマド・ユヌスの話を聞いたことはないだろうか？　読者の中には知らなかった人もいるかもしれないが、ノルウェーの首都オスロのノーベル委員会は彼の話をしっかり聞きつけ、二〇〇六年にノーベル平和賞を授与している。第三世界の起業家たちに向けた「マイクロクレジット」（貧困層向けの小額融資）の提唱者であるユヌスは次のように言っている。「人はみな起業家だ。でも多くの人はそのことを知るチャンスを与えられていない」

ユヌスがこう言ったのは、二〇〇七年と二〇〇八年に経済が揺らぐ「前」だ。お金の世界で悪いニュースが続出したあと、ユヌスが言っていたまさにそのチャンスを積極的に探す人がどんどん増えている。

今、起業熱に火がつき、それが燃え盛っている理由は、経済が低迷している時にこそ起業活動が盛んになるからだ。実際、起業家たちは景気が悪い時に数が増え元気になる。不確実性の時代には、人は収入を生み出す新たな方法を探す。雇用主に頼ることができないとわかった時、私たちは自分を頼りにし始める。今こそ快適ゾーンの壁を破り、生活費を稼ぎ出すために創造的になるべき時ではないかと考え始める。

合衆国連邦制度理事会の調査によると、起業家の平均世帯純資産額は一般の従業員の五倍だ。これは起業家が、自分の力で強力な経済を作り出してきたおかげで、この景気低迷の時代を無傷で、あるいは前より一層元気になって潜り抜ける可能性を五倍持っていることを意味する。

最近のある調査でわかったことだが、アメリカの有権者の大部分が、起業を現在の経済危機の解決の鍵と見ている。この調査の責任者は次のように言っている。「新興企業と起業家精神こそが下向きの経済にてこ入れする方法だということを、歴史は繰り返し実証してきた」

まさにその通り！

もしかすると、こう考える「アメリカの有権者の大部分」が、手をこまねいているのをやめて実際に何かするかもしれない。私はあまり期待していないが、そうなる可能性はある。でも、今私が、起業家精神によっててこ入れされるところを見たいと一番思っている下向きの経済は、ほかの誰のものでもない、今この本を読んでいる「あなたの」経済だ。

確かに今は、大多数の人にとって経済的に厳しい時期かもしれない。でも、一部の起業家――これから先の章で私が説明することに耳を傾けられる柔軟な頭を持っている起業家たち――にとっては、この時代は経済的な可能性を多く秘めた時代だ。今は自分自身のビジネスを「持つべき時」であるだけでなく、実際のところ、いまだかつてなかったほどの「絶好の時期」でもある。

先ほども言ったように、先の状況が困難になると、困難に負けない人間が先に進む。もしこれが本当なら――事実その通りだが――残された質問は二つだけだ。

一つ目の質問は、「あなたは困難に負けない人間になろうという気があるか？」だ。

この質問に対する答えが「イエス」なら、次の質問はこうだ。「では何をして先に進むか？」

私はあなたに代わって一つ目の質問に答えることはできない。でも、二つ目の質問に対してどう答えたらいいかはよくわかっている。この質問に答えること、それがこの本の目的だ。

第三章

四つの収入の道

あなたは何年もせっせと働き、昇進の梯子を登ってきた。まだ梯子の下のほうにいる人も、頂上近くに達している人もいるだろう。でも、今あなたが梯子のどの辺にいるかは、まったく重要ではない。大事なのは、それほど多くの時間と労力を費やす前に立ち止まり、あなたが自分に聞くのを忘れていたかもしれない次のような質問だ――この梯子はどこにかかっているのか?

世界で最も大きな影響力を持つ経営コンサルタントと言われるスティーブン・R・コヴィーが指摘しているように、間違った壁にかけられていたとしたら、その梯子をどれくらい速く、あるいはどれくらい高く登るかには意味がない。

この章の目的は、あなたにちょっと登るのをやめてもらい、梯子がどこにかかっているか見極めてもらうことだ。そして、もしそれがかかっている場所が気に入らなかったら、どこに動かしたいか、それを見つけてもらうことだ。

■どのようにして収入を得るか?

たいていの人は、収入の額か資産の額、あるいはその両方によって自分の財政状態が決まると思っている。

確かにこの考え方には一理ある。フォーブス誌による「金持ち」の定義は、年収百万ドル（月収にして八万三千三百三十三ドル、一週間で二万ドル弱の収入）の人、「貧乏な人」は年収二万五千ドル以下の人だ。

でも、収入の額より重要なのは、その「質」だ。言い換えると、いくら稼ぐかではなくどうやって稼ぐか——どこから収入が入るか——が問題だ。キャッシュフローの源には四つの異なる種類がある。この四つの間には大きな違いがあり、収入の額には関係なく、どのようにしてそれを得るかによって人の生き方に違いが生まれる。

『金持ち父さん　貧乏父さん』を出版したあと、私は収入源の種類によって異なるこの四つの世界について説明する本を書いた。この『金持ち父さんのキャッシュフロー・クワドラント』という本が、私が書いた本の中で一番大事だと言う人もたくさんいる。その理由は、この本が、人生に真の変化をもたらす用意のできている人たちにとってとても大切な事柄の本質をついているからだ。

三五ページのキャッシュフロー・クワドラント（図①）は、現金収入が生み出される四つの異なる方式を表している。たとえば、従業員は仕事に就き、他人あるいは会社のために働いてお金を稼ぐ。自営業者は自分自身のために働く——一人で働く、あるいはスモールビジネスを起こしてほかの人と一緒に働く——ことでお金を稼ぐ。ビジネスオーナーはお金を生み出すビッグビジネス（一般に、従業員五百人以上の会社と定義される）を所有し、投資家はさまざまな投資からお金を儲ける、つまりお金にお金を生ませる。

あなたはどのクワドラントで生きているか？　つまり、あなたが生活費をまかなう収入の大部分を得ているのはどのクワドラントか、考えてみよう。

■Eクワドラント

私たちの大部分、驚くほど多くの人がEクワドラントの中だけで学び、生き、愛し、人生を終える。伝統的な教育制度と文化が、ゆりかごから墓場まで、Eクワドラントの世界での生き方を私たちに教え込む。

この世界で通用する哲学は、私の「貧乏父さん」――実の父――が教えてくれた哲学だ。それはおそらく、あなたが子供の頃に教えられたものと同じだ――学校へ行き、一生懸命に勉強していい成績をとり、福利厚生がしっかりした大企業でいい仕事を見つける。

■Sクワドラント

もっと自由になりたい、強制されることなく自分で物事を決めたいという強い衝動にかられて、多くの人がEクワドラントからSクワドラントに移り住む。ここは自分で道を切り開き、「アメリカン・ドリーム」を追いかける場所だ。

Sクワドラントには、ティーンエージャーの「フリーランス」のベビーシッターや新米の庭師から、高い報酬をとる自営の弁護士、経営コンサルタント、講演のプロまで、さまざまな形の収入の道が含まれる。

でも、一時間に八ドル稼ごうが一年に八万ドル稼ごうが、一般的に言って、Sクワドラントはある種の「罠」だ。Sクワドラントに移った人は「ボスを首にした」と思っているかもしれないが、実際はボスを取り代えたにすぎない。あなたは依然として従業員だ。違うのは、何かがあってそれをボスのせいにしたいと思った時、そのボスがあなた自身だということだけだ。

Sクワドラントは報われることの少ない、生きにくい場所になり得る。この世界ではみんながあなたを悩ませる。政府もだ。あなたは一週間のうち一日は税金を払うためだけに働く。小さな会社を持っていて従業員がいれば、彼らも、それから顧客も悩みの種だ。家族さえも、あなたが家族と過ごす時間を少しもとってくれないと文句を言ってあなたを悩ませる。そんな時間がとれるわけがない。そんなことをしていたら仕事がなくなってしまう。あなたに暇な時間などない。なぜなら、あなたが休みをとったら、ビジネスは一人ではお金を稼いでくれないからだ。

現実に即して厳しく言えば、ＳクワドラントのＳは奴隷（Slavery）の頭文字だ。あなたが自分のビジネスを所有しているわけではなく、ビジネスがあなたを所有している。

■ Ｂクワドラント

ビッグビジネスを起こす人が進むのがＢクワドラントだ。Ｓクワドラントのスモールビジネスと Ｂクワド

図①
キャッシュフロー・クワドラントは
四つの異なる考え方を表す

E 従業員（employee）
S 自営業者（self-employed）
スモールビジネスオーナー
（small business owner）
B ビジネスオーナー（business owner）
I 投資家（investor）

ラントのビッグビジネスの違いは、スモールビジネスの場合はあなたがビジネスのために働くが、ビッグビジネスの場合はビジネスのほうがあなたのために働いてくれることだ。

私は製造会社や不動産会社、採掘会社など、たくさんのビッグビジネスを持っている。Bクワドラントで生き、仕事をする人は、不景気にも負けない。なぜなら、彼らは自分の収入の源を自分でコントロールしているからだ。

■Iクワドラント

このクワドラントで生きるのに高度な知識は必要ない。私の「金持ち父さん」は、ボードゲーム「モノポリー」を使って、Iクワドラントで生きる方法を教えてくれた。このゲームのやり方はみなさんもご存知の通りだ。緑の家を四軒手に入れて、次にそれらを赤いホテルに買い替える。また緑の家を四軒、次に赤いホテルを一軒……。

■仕事を変えてもクワドラントは変わらない

ここで、なぜこれらのクワドラントについて理解することが大事か、その理由を説明しよう。今の仕事がいやだと文句を言い、状況を変える決心をしたものの数年後にはまた同じ文句を言っている……あなたはそんな人の話を何度も聞いたことがあるのではないだろうか？

・前にもまして一生懸命に働き続けているのに、少しも状況がよくならない。

・給料が上がってもそのたびに税金と生活費が増えて、それが消えてしまう。
・本当は「　　　　　　　」（自分の好きな言葉を入れよう）をしたいが、人生の今のこの時期に、学校に戻ってまったく新しい職業技術を学ぶなどという贅沢をする余裕はない。
・この仕事は最低！　ボスも最低！　人生も最低！

これらの言葉、また、同じような意味合いのほかのたくさんの言葉はどれも、その人が罠につかまっていることを示している。つかまっている罠は仕事ではなく、その人が属しているクワドラント全体だ。問題は、たいていの場合、人が実際に人生に変化をもたらそうと立ち上がり行動を起こしたとしても、ただ仕事を変えることしかしないことだ。彼らに必要なのはクワドラントを変えることだ。

たいていの人はクワドラントの左側――ＥクワドラントとＳクワドラント――の住人だ。私たちはそこで生きるように育てられ、訓練を受けてきた。「いい仕事に就けるように、いい成績をとりなさい」――私たちはそう言われてきた。でも、Ｂクワドラントでは学校の成績は意味がない。銀行の人は成績表を見せろとは言わない。彼らが見たがるのはあなたの財務諸表だ。

いま言ったような一般的な就業構造から抜け出て、自分自身の収入の流れを作り出すこと、それが経済の嵐を切り抜けるためのベストポジションにあなたをつけてくれる。理由は簡単だ。そうすればあなたは自分の年収を決めるのに、雇用主や世の中の景気に頼る必要がなくなるからだ。自分の収入の額を決めるのはあなた自身だ。

アメリカでは少なくとも人口の八十パーセントがキャッシュフロー・クワドラントの左側で生きている。

特にEクワドラントは、安心と保障が見つかる場所だと私たちが教えられてきた場所だ。一方、右側のBクワドラントとIクワドラントには自由がある。こちらの側で生きたいと思ったら、そうすることは可能だ。でも、もしあなたが比較的安全な左側にとどまりたいと思っているとしたら、この本で私が伝えたいと思っていることは不要かもしれない。どちらの道を選ぶかはあなただけに決められることだ。立ち止まって考えてみよう——

あなたが今生きているのはどのクワドラントか?

あなたが生きたいと思っているクワドラントはどのクワドラントか?

第四章 あなたにとって大切なもの

四つのクワドラントは、単に四つの異なる収入の道を示すものではない。むしろ、四つの異なる「考え方」を示していると言ったほうがいい。自分の主な収入源をどのクワドラントにするかは、あなたが受けた教育や訓練、世の中の景気、手近にあるように見えるチャンスといった外的状況とはまったく関係がない。それよりも、あなたが本質的にどういう人間か、どんな強み、弱みを持っているか、最大の興味は何かといったことに深く関係している。

つまり、あなたの心の奥底にある金銭的価値観が問題だ。あるクワドラントに魅力を感じたり、「いやだな」と思ったりするのは、この価値観が異なるからだ。

このことをしっかり理解しておくことはとても大事だ。なぜなら、EあるいはSクワドラントからBクワドラントへ移るのは、郵便局の住所変更届の用紙に新しい住所を書き入れることほど簡単ではないからだ。あなたは「何をやるか」を変えるだけではなく、本当の意味で「自分がどんな人間か」を、あるいは少なくとも「どう考えるか」を変えることになる。

世の中には、誰かに雇われている状態が好きな人もいるだろうし、それが大嫌いな人もいるだろう。また、自分の会社を持つのは大好きだが、それを経営するのはいやだという人もいるし、投資が好きでたまらないという人もいれば、お金を損する危険性しか目に入らない人もいる。たいていの人は、こういったすべての傾向を少しずつ持っている。

もう一つ心に留めておくべきことは、四つのどのクワドラントにおいても、金持ちになる可能性も貧乏になる可能性もあることだ。どのクワドラントにも、何百万ドルも稼ぐ人もいれば、破産する人もいる。どのクワドラントで生きようと、それは金銭的な成功を必ずしも意味しない。

その人がどのクワドラントに属しているかは、話す言葉からわかる。私は九歳の時、金持ち父さんが求職者を面接する場に同席するようになった。それらの面接から私は、相手の心の奥底にあるコア・バリュー（核となる価値観）――金持ち父さんはそれを「魂から生まれた価値観」と呼んでいた――に注意しながら話を聞くことを学んだ。

次に、それぞれのクワドラントに特徴的な言葉と、その根底にあるコア・バリューを見てみよう（図②）。

■Eクワドラントの価値観

「私は給料が高くて福利厚生のしっかりした、安定した仕事を探している」

Eクワドラントに住んでいる人にとって一番大事なコア・バリューは安全だ。

会社の副社長で高給をとっている人も、ビルの管理人をしていてその十分の一しか稼いでいない人と同じコア・バリューを持っている。管理人だろうが社長だろうが、Eクワドラントの住人はよく次のように考えたり言ったりする――

「福利厚生のしっかりした、安定した仕事を探している」
「残業手当はいくらか？」
「有給休暇は何日か？」

私がＥクワドラントの住人に、自分のビジネスを始めるのがどんなに好きか話をしたら、その人はこんなふうに言うかもしれない——「なるほど、でもそれは危険じゃないですか？」。私たちはみんな自分の価値観を通して世界を見ている。私にとってエキサイティングなことが、ほかの人にとっては恐ろしいことである場合もある。だから私は、ＥクワドラントやＳクワドラントの人がそばにいる時はだいたい天気かスポーツかテレビ番組の話をするようにしている。

図②
それぞれのクワドラントで
コア・バリューが違う

■Sクワドラントの価値観

「きちんとやりたかったら自分でやれ」

Sクワドラントの住人にとって一番大事なコア・バリューは独立だ。

彼らは自分がやりたいことをやる自由がほしい。「会社をやめて独り立ちするつもりだ」と言う人は、EクワドラントからSクワドラントへ移ろうとしている人だ。

Sクワドラントにはスモール・ビジネスオーナー、家族だけでやっている個人商店主、専門技術を持つ自営業者、各種コンサルタントなどが含まれる。たとえば私の友人に、金持ちの顧客を相手に大型テレビのスクリーンや電話、防犯システムなどの設置をする仕事をしている人がいる。彼は人を三人雇っていて、そのわずか三人の従業員のボスでいることに満足している。筋金入りの、仕事熱心なSクワドラントの住人だ。不動産業者や保険ブローカーなど、会社から給料をもらうのではなく、手数料をとって物やサービスを売る人たちもSクワドラントの住人だ。そこにはまた、医者や弁護士、会計士などのように、専門技術・知識を持った人で、大きな医療施設、法律事務所、会計事務所に属していない人たちが住んでいる。

Sクワドラントの住人は自分の手、あるいは頭を使って仕上げる仕事を誇りに思っていることが多い。彼らにぴったりの主題歌を選ぶとしたら、"Nobody Does It better"（誰も私よりうまくできない）（007私が愛したスパイのテーマ）か"My Way"（マイ・ウェイ）といったところだろう。でも、独立を高らかに謳う外見とは裏腹に、Sクワドラントの人は心の奥底では、ビジネスに対する取り組みに百パーセントの自信が欠けていることが往々にしてある。これはまた、その人が人生への取り組みに自信を持っていないことを意味する。なぜなら、ビジネスに対する見方がすべてのものに対する見方につながる傾向があるからだ。

Sクワドラントの住人はコミッション（歩合、手数料）を取ったり、その仕事にかかった時間に応じて支払いを受けたりすることが多い。たとえば、Sクワドラントの人はこんなふうに言う——

「私のコミッションは代金総額の六パーセントだ」
「私は一時間につき百ドル請求する」
「私の報酬は実費プラス十パーセントだ」

EあるいはSのクワドラントの住人で、Bクワドラントへ移るのに苦労している人に出会うと、私はたいてい、その人が技術の面、経営の面ではすばらしいスキルを持っているのに、リーダーシップ能力に欠けることに気付く。金持ち父さんはよくこう言っていた。「もしきみがチームのリーダーで、しかもチームの中で一番頭のいい人間だとしたら、きみのチームには問題がある」Sクワドラントの人はチームの中ではあまりうまく機能できないことが多い。自我が強すぎて、それが問題になる場合もある。

SクワドラントからBクワドラントに飛び移るのに必要なのは、技術面でのスキルの大幅な向上ではなく、リーダーシップのスキルの向上だ。これまでに何度も言っているように、実社会では、学校でオールAの成績だった優等生がCばかりとっていた学生のもとで働く——Bをとっていた学生は公務員になる——ということがよくある。

あなたは「きちんとやりたかったら自分でやるのが一番だ」といった意味のことを言ったことはないだろうか？　あるいは口に出さなくてもそんなふうに考えたことはないだろうか？　もしそうだとしたら、今こそ、そのような見方を根底から見直すべき時かもしれない。

■ Bクワドラントの価値観

「私のチームに加わってくれる最高の人材を探している」

Bクワドラントの住人にとって一番大事なコア・バリューは富の形成だ。まったくゼロから始めてすばらしいBクワドラントのビジネスを成功させる人は、強い使命感を持ち、すばらしいチームと効率的なチームワークを大切にし、できるだけ多くの人の役に立ちたい、できるだけ多くの人と共に働きたいと思っている人である場合が多い。

Sクワドラントの人は自分の専門分野で一番になりたいと思うが、Bクワドラントの人は、それぞれの分野で一番の人を集めてチームを作りたいと思う。ヘンリー・フォードは自分より頭のいい人たちを自分のまわりに集めた。Sクワドラントのビジネスのオーナーは、そのビジネスの中で自分が一番頭がいい、あるいは一番才能があるという場合が多いが、Bクワドラントのビジネスではそうではない。

Bクワドラントのビジネスのオーナーは、多くの場合、自分より頭がいい人、自分より経験豊かな人、自分より有能な人たちと共に働く。私の金持ち父さんは正式な教育はほとんど受けていない。でも、私は彼が銀行の人や弁護士、会計士、投資アドバイザーといった専門家――その多くは自分より高度な教育を受けている人たち――と共に働くのを見てきた。ビジネスに必要なお金を集めるために、金持ち父さんは自分よりずっとお金を持っている人たちを相手にすることもよくあった。もし彼が「きちんとやりたかったら自分でやれ」という言葉をモットーに生きていたら、間違いなく失敗していただろう。

Ｂクワドラントの人は自分がビジネスから離れても収入を得られる。Ｓクワドラントの人は、たいていは仕事をしなければ収入もなくなる。ここで自分に聞いてみてほしい――今日私が働くのをやめたら、その後いつまで収入が続くか？　もし収入が六カ月以内に止まってしまうとしたら、あなたはＥクワドラントかＳクワドラントの住人である可能性が強い。ＢあるいはＩクワドラントの人は何年仕事をしなくてもお金が入り続ける。

■ Ｉクワドラントの価値観

「投資収益率はどれくらいか？」

Ｉクワドラントの人が一番大事だと思っているのは「経済的自由」だ。投資家は自分が働く代わりにお金が働いてくれるという考え方が大好きだ。

投資家は多くのものに投資する。投資の対象は金貨、不動産、ビジネス、あるいは株式、債券、投資信託といった紙の資産などいろいろだ。

自分自身の知識に基づいた投資からではなく会社や政府の年金制度から入る収入は、Ｅクワドラントからの収入だ。つまり、あなたのボス、あるいは会社が、長年のあなたの労働に対する報酬をまだ払い続けているということだ。

投資家がよく口にするのはこんな言葉だ――

「私は自分の資産から二十パーセントのリターンを得ている」

「その会社の会計資料を見せてくれ」
「その物件の繰延維持補修費はいくらだ?」

■クワドラントによって異なる投資家

今日の世界では、私たちはみんな投資家になる必要がある。でも、現在の学校システムでは投資についてあまり教えてくれない。確かに、株式の銘柄をどうやって選んだらいいか教える学校があるのは私も知っている。だが、私に言わせればそれは投資ではなくギャンブルだ。

何年も前のことだが、金持ち父さんは私に、他人に雇われている人の大部分は投資信託か貯蓄口座に投資をしていると教えてくれた。彼はまたこういっていた。「一つのクワドラントで、つまりE、S、Bなどのクワドラントで成功しているからと言って、Iクワドラントで成功するとは限らない。医者が投資家としては最悪だという場合はよくある」

金持ち父さんはまた、クワドラントが違えば投資のやり方も違うことを教えてくれた。たとえば、Sクワドラントの人は投資に関して次のように言うかもしれない。「私は不動産には投資しない。トイレの修理をするなんていやだからね」一方、Bクワドラントの人は同じ投資物件に対してこんなことを言うかもしれない。「夜でもトイレを修理してくれる、いい不動産物件管理会社を雇いたい」言い換えると、Sクワドラントの投資家は物件のメンテナンスは自分でやらなければいけないと考え、Bクワドラントの投資家は自分の代わりにメンテナンスをしてくれる会社を雇おうと考える。人が違えば考え方も違う。クワドラントが違えば価値観も違う。

本書をここまで読んできた人はおそらくもう、私が言おうとしていることがわかっただろう。それはごく簡単なことだ。金持ちになりたかったら、今いるところから動かなければいけない。新しい仕事は必要ない。あなたに必要なのは新しい「住所」だ。

自分の人生と運命を自分でコントロールしたいと思うなら、真の自由――人生を取り戻し、自分で自分のスケジュールを決め、家族や自分のために時間を使い、好きなことをする自由――を手に入れたいと思うなら、そのために生まれてきたはずの人生――何の制限もなく、情熱と興奮、満足に満ちた人生――を送りたいと思うなら、金持ちになって、それを維持して豊かな生活をしたいと思うなら、今こそ荷物をまとめて引越しをする時だ。

今こそ、キャッシュフロー・クワドラントの左側から出て、BとIのクワドラントに移る時だ。

第五章

起業家の考え方

大学を卒業後、私は、ＭＢＡ（経営管理学修士号）をとり、きちんとした訓練と教育を受けた起業家になろうと、ビジネススクール（経営学大学院）に入学した。そして、九カ月がんばったが中退した。もちろんＭＢＡはとれなかった。

最近、起業に関するクラスで学生に話をしてくれとビジネススクールから頼まれることがよくある。お察しの通り、そのことについて私は時々「皮肉なものだな」思う。

ビジネススクールの学生たちからよく聞かれるのは「どのようにして投資家を見つけるか？」、「どのようにして資本を集めるか？」という二つの質問だ。これは切実な問題だ。私にはよくわかる。なぜなら、普通に勤めていれば得られるはずの保障を捨てて起業家になろうとした時、私自身を悩ませた質問だからだ。私はお金を持っていなかったし、一緒に投資したいと言ってくれる人もいなかった。それに、大きなベンチャーキャピタルが私に投資をしたいと言ってくるわけもなかった。

そんな私がビジネススクールの学生たちに何と答えるか？　それはこうだ――「ただやるだけだ。やるしかないからやる。もしやらなければビジネスはできないのだから」

そして私はこう続ける。「今、私には充分なお金があるが、今でも、私がやっているのはもっぱら資金集めだ。起業家にとってこれは最優先の仕事だ。起業家は三つの集団から資金を調達する。顧客と投資家、そして従業員だ。起業家としてのあなたの仕事は顧客に製品を買わせることだ。製品を買うことで顧客があなたにお金をくれれば、投資家はたくさんのお金を出してくれる。また、従業員を雇っているとしたら、あなたの仕事は彼らに物やサービスを生み出させて、あなたが彼らに払う額の少なくとも十倍のお金をあなたに儲けさせてくれるようにすることだ。もしそれができなければ会社はつぶれる。そして、もし会社がつぶれれば、あなたはもうお金を調達する必要がなくなる」

この私の答えは、ＭＢＡを目指す学生たちの大部分が求めている答えとは違う。たいていの学生は魔法の呪文、即効性のある秘薬、手っ取り早く金持ちになれるビジネスプランを求めている。この答えは、私から学生に聞かせてほしいと教師たちが望んでいる答えとも違っているらしい。なぜなら、私がこのような話をすると、教師たちが顔をしかめるのがわかるからだ。なぜか？　それは、彼らは起業について教えてはいるが、そのほとんどが自分自身は起業家ではないからだ。だからこそ、安定した給料がもらえる教職に就き、終身在職権が与えられるのを待ち望んでいるのだ。

ここで私が言いたいのは、「資金を調達しなければいけない」ということではない。実際のところ、私が本書でみなさんに紹介したいと思っているビジネスモデルでは、ビジネスを起こすのに資金を調達する必要がない。なぜなら、それはすでにすんでいるからだ。でも、ビジネス自体はあなたが起こさなければいけない！

私が言いたいのは、これこそが起業家を起業家たらしめる点だということだ。つまり、起業家は自分で行動し実現させる。ずらりと並んだ乗客用座席から立ち上がり、バスの先頭まで歩いていって、自分の人生の運転席に座ることが大事だ。

■ 起業家になるには何が必要か？

起業家は世界で一番金持ちだ。リチャード・ブランソン、ドナルド・トランプ、オプラ・ウィンフリー、スティーブ・ジョブズ、ルパート・マードック、テッド・ターナーなど、有名な起業家たちの名前は私たちもよく耳にする。でも、一番金持ちの起業家は、私たちが耳にすることのない人たちだ。なぜなら、そういう人たちはマスコミには注目されないからだ。彼らはただ淡々と豊かな生活を送っている。

「起業家は生まれながらにして起業家なのか？　それともあとから起業家になれるものなのか？」このような議論を私はよく耳にする。確かに、起業家になるのは特別な人だとか、そうなるには何か特別な力が必要だと思っている人もいる。でも、私に言わせると、起業家になるのはそんなに大騒ぎするほどのことではない。ただ自分でビジネスを始めるだけのことだ。

例を挙げよう。うちの近所に、ジュニアハイスクールのクラスメートを雇って自分のために働かせて、ベビーシッタービジネスで大成功しているティーンエージャーがいる。この少女は起業家だ。別の少年は放課後、便利屋ビジネスをしている。彼も起業家だ。子供というものはたいてい恐れを知らない。一方、大人は恐れることしか知らない。

今この時代、仕事をやめて起業家になり、自分のビジネスをやりたいと夢見ている人はたくさんいる。問題は、たいていの人にとって夢が夢にすぎないことだ。だから、今ここで考えなければならないのは、起業家になる夢を追えない人がなぜこんなにたくさんいるかということだ。

私の友人にすばらしい腕前のヘアスタイリストがいる。女性を美しく変身させることにかけては、まさに魔法使いと言っていい。彼は何年もの間、自分の美容サロンを開く話をし続けている。でも残念なことに、実際はいつまでも小さい世界に閉じこもり、大きな美容サロンに雇われて椅子の一つを担当し、オーナーといつも喧嘩をしている。

もう一人の友人は結婚していて、飛行機の搭乗員をしていたが、その仕事に飽き飽きしていた。彼女は二年前、仕事をやめ、ヘアスタイリストになる学校へ通い始めた。そして一カ月前、自分のサロンを開店した。サロンは職場環境もとてもよく、腕利きのヘアスタイリストを何人も雇うことができた。

この友人のサロンの話を聞きつけると、例の別の友人はこう言った。「彼女にサロンなんかできるもんか！才能はないし、技術もない。ぼくのようにニューヨークで修業も積んでいない。おまけに経験もない。一年もしないうちに失敗するに決まっている」

確かに彼女が失敗する可能性はある。統計によれば、新規ビジネスの九十パーセントが五年以内に姿を消す。でも、失敗しない可能性だってある。大事なのは、彼女が夢を実行に移したことだ。彼女は人が人生を切り開こうとする時に勇気から生み出される力をしっかりつかまえた。天から与えられた才能を発見し、育て、世の中に還元するには勇気が必要だ。

アメリカの全国宝くじで三百万ドル以上当たった人の八十パーセントは、三年以内に破産している。なぜか？　それは、お金があるだけでは金持ちになれないからだ。銀行の口座残高は一時的に増えたかもしれないが、数字が増えただけでは人は金持ちにはならない。なぜなら、考え方が変わっていないからだ。

人間の頭脳に限界はない。限界を作っているのは、あなたの「疑う心」だ。『肩をすくめるアトラス』の著者アイン・ランドはこう言っている。「富は人間の考える力の産物だ」だから、もしあなたに自分の人生を変える準備ができているなら先を読んでほしい。本書の中で私は、あなたの頭に考えさせるような環境、そしてあなた自身を金持ちにしてくれるような環境を紹介するつもりだ。

■大きくなったら何になりたい？

私が子供の頃、実の父はよく、「生活を保障してくれる安定した仕事に就けるように、学校に通っていい成績をとりなさい」と私に言った。父は私をEクワドラントに適した人間にしようとしていたのだ。母のほうは、医者か弁護士になることを考えるようにとよく言っていた。「そうすれば、どんな時にも仕事に困らないから」そんなふうに言っていた母は、私にSクワドラントの考え方を植えつけようとしていたのだ。一方、金持ち父さんは、大きくなって金持ちになりたかったら、ビジネスオーナーか投資家になるべきだと教えてくれた。金持ち父さんはBとIのクワドラントの住人になる準備を私にさせていたのだ。

ベトナムから戻った時、私は誰のアドバイスに従うべきか決めなければならなかった。今あなたの前にも同じ選択肢が与えられている。

自分のビジネスを起こしたいと思う理由の一つは、人間としての尊厳を取り戻せることだ。

このことの大切さを軽く見てはいけない。世の中には弱い者いじめをする人や、心の狭い人がたくさんいる。雇い主であれ上司であれ隣人であれ、あるいはたとえ友人であれ、そういう人がまわりにいたら、あなたは「もう彼らに振り回されるのはいやだ」と思うだろう。自分で自分の人生をコントロールしたい、ほかの人に威張り散らされてもそれを無視するだけの勇気、自分のために考え行動する自由を手に入れたいと思うだろう。

■マセラッティのドライバー

さて、ここで先ほどの質問に戻ろう――「あなたはどのクワドラントに住んでいるか?」ここまで読んできた人はもう、別のクワドラントへ移ることが何を意味するかよくわかっているはずだ。それは単に収入を生み出す構造の違いだけでなく、人生へのアプローチの変化を意味する。

確かにこれはビジネスに深く関わる話だ。でもそれと同時に、真の意味ではビジネスの話ではないとも言える。ビジネスは単に外側の「形」にすぎない。普段牧場で馬を飼育している人をマセラッティの運転席に乗せても、その人はレーシングカーのドライバーになれるわけではない。そうなるためには技術、トレーニング、そして一番大切な「レーシングカーのドライバーとしての心構え」が必要だ。

あなたの人生におけるお金との関わり方についても同じことが言える。あなたは「起業家の考え方」をする必要がある。その考え方は次の一言に集約される――起業家は自分で物事を決定し、それを実現させる。つまり、何が起きても他人や外的要因のせいにしない。

だからと言って、土台から何もかも自分一人で作り上げなければいけないというわけではない。私がビジネスを起こした時は確かにそうだったが、実際は必ずしもそうではない。二十一世紀のビジネスにはすばらしい点がいくつもあるが、その一つは、あなたのビジネスの土台はすべてすでに用意されているという点だ。その上、そこには、あなたを成功に導くことを使命とする、経験豊かな指導者たちが待っている。

でも誤解しないでほしい。もし成功したかったら、それを実現させるのはあなた自身だ。そして、それを実現させるためには、起業家としての心構えをもつ必要がある。それがなければ、そのビジネスがどんなに可能性を持っていようと、指導者がどんなにすばらしかろうと、いい業績をあげるのはむずかしい。

本書の第二部で詳しく説明するビジネスモデルはいわばマセラッティだ。そして今、その運転席に乗ろうとしているのはあなた自身だ。何と言ってもまず大事なのはあなた自身だ。あなたには運転席に座る準備ができているだろうか？　そのために必要なものをあなたは持っているだろうか？

（第六章）今こそ自分でコントロールしよう！

一九八五年のことだ。妻のキムと私はホームレス状態になった。二人とも失業していて、貯金もほとんど底をついていた。クレジットカードも限度まで使い切り、古い茶色のトヨタのシートを倒してベッド代わりにして、そこに住んでいた。車の中で寝る日が一週間続いたあと、私たちは厳しい現実を理解し始めた——自分たちは今どんな状態にあるのか？　何をやっているのか？　このままどこまで落ちていくのか？

そんな時、友人の一人が私たちの絶望的な状況に気付き、自分の家の地下室を使っていいと言ってくれた。私たちの苦境を耳にした友人や親戚がまず最初に聞く質問はいつも同じだった。「なぜさっさと就職先を探さないんだ？」私たちははじめの頃は説明しようと試みたが、善意からそう聞いてくる人たちに、わかってもらえるようにその理由を説明するのは大変だった。職に就くことに価値を見出している人と話している時、そうしたくない人間もいるのだということを説明するのはむずかしい。

私たちはたまにちょっとした仕事をしていくらか稼ぐことはあったが、それはお腹に食べ物を入れるためと、家に——車のことだが——ガソリンを入れるためだけだった。

正直に言って、自分の信念が揺らぐこともあった。そんな時、給料をもらえて生活が保障され、安定した仕事に就くという考え方が魅力的に思えたことは確かだ。でも、仕事による安定の保障は私たちが求めているものではなかった。だから、その日暮らしを送りながらがんばった。生活が保障され、安定していて、高給がもらえる仕事に自分たちがいつでも就けるのはわかっていた。私たちは二人とも大学を出ていて、仕事をする上でのスキルも、働くことを尊ぶ気持ちも充分に持っていた。でも、私たちは仕事から安定を得ることを目的とはしていなかった。経済的自由を目指していた。

そして、一九八九年までに私たちは百万長者になっていた。

私はよく人が「お金を儲けるにはお金が必要だ」と言うのを耳にする。これはB.S.(Bull Shit 大嘘)だ。B.S.と言っても理学士号(Bachelor of Science)の略ではない! 四年でホームレスから百万長者へそしてその後五年で真の経済的自由を手に入れた私たちの旅には、お金は必要ではなかった。そもそもこの旅を始めた時、私たちにはお金はなかった。それどころか借金を抱えていた。そして、その後の旅の間も、誰も何も私たちに与えてはくれなかった。

お金を儲けるには正式な学校教育も必要ない。大学教育は、昔ながらの職業に就くためには大事だが、富を築くことを目指している人にとっては大事ではない。

経済的に自由になるのにお金は必要ない、正式な教育も必要ない、それならば何が必要なのだろう? それは夢、強い決意、短期間で学ぶ意欲、そしてキャッシュフロー・クワドラントのどのクワドラントで自分が活動しているかという認識だ。

■ 一生懸命に働いても金持ちになれるとは限らない

私たちの社会には、「本当に一生懸命に働けば何とかなる」という妙な考え方がある。なんとばかげた話だろう！　一番悲しいのは、たいていの人がこの考え方を信じるように「洗脳」されてきたために、それが間違っている証拠がいくらでもまわりにあるのにも関わらず、実際にそれを信じていることだ。

証拠ってどんな？　まわりをちょっと見回してみよう。あなたの知り合いの中で、一生涯、毎日せっせと働き続けた挙句、「最低生活水準」と呼ばれる、屈辱と悲嘆に満ちた生活水準のわずか上――あるいはわずか下――の生活を送っている人はいないだろうか？

今きっとあなたは誰かの姿を思い出したに違いない。世界は、一生懸命に働いても決して「何とかなっていない」人であふれている。そして、おそらくこれに関して最悪なのは、そのような不運な人たちの多くが、そうなったのは自分が悪いからだ、これは身から出たさびだという結論に達してしまうことだ。いいと言われることはすべてやった。それでもうまくいかなかった。おそらく、ただ努力が足りなかったのだろう。あるいは、ついていなかったのかもしれない。あるいは、要するに自分は成功には向いていなかったのかもしれない……みんなそんなふうに考える。

どれもばかげた話だ。問題は、勤勉の神話はまさに「神話」にすぎないことだ。

だからといって誤解しないでほしい。私は富の形成と経済的自由を実現するのに一生懸命働く必要がないと言っているわけではない。それは必要だ。それもかなりたっぷりと！　簡単に金持ちになれる、短期間で金持ちになれる、あるいは苦労せずに金持ちになれる……そんな方法を教えてあげるとささやく大ばか者たちの言葉を信じるほど、あなたが世間知らずでないことを願うばかりだ。もしそうだとしたら、めちゃくちゃに安い値段で買える橋（ニューヨークのブルックリン橋を買わないかと持ちかける詐欺がかつてあった）を知っているから、それを教えてあげてもいい。それに、あなたにぴったりのサブプライムローンの仕組みのすべても、あるいは、クレジット・デフォルト・スワップもいくつか知っている。

もうわかっていただけたと思う。一生懸命に働くことは必要だ。問題は何を一生懸命にやるかだ。「何をやるって？　お金を儲けることに決まっているじゃないか！」あなたの頭の中の叫びが私にはよく聞こえる。でも、そうあせってはいけない。なぜなら、私たちの文化に根付いたこの間違った考えの陰には、冷酷非情な事実が潜んでいるからだ。その事実とは――

一生懸命働いて金儲けをするだけでは決して富は生み出せない。

収入のために働いている人がいくらせっせと働いても税金が増えるだけだ。お金を儲けるために一生懸命に働くという考えは捨てよう。そんなことをしても、増えた収入を使い、さらに一生懸命に働かなければならなくなるだけだ。

「わかった。じゃ、どうすればいい？」あなたはそう思ったかもしれない。答えは「自分でコントロールすること」だ。

何をコントロールするのか？　よく考えてみれば、人生のほとんどのことはあなたがどんなにがんばってもコントロールできない。市場をコントロールすることはできないし、従業員も世の中の景気も、自分の思うようにはコントロールできない。では何がコントロールできるか？　それは収入源だ。

■ 障害を乗り越える

大金持ちの大部分はビジネスを起こすことによって財産を築いた。ビル・ゲイツはマイクロソフトを作ったし、マイケル・デルは学生寮の自分の部屋でデル・コンピュータを立ち上げた。でもそうは言っても、本当の意味でBクワドラントで生きてきた人は、歴史を振り返ってもごくわずかしかいない。確かにBクワドラントは真の富を形成し始めるには最高の場所だ。でも、それと同時に、そこに足を踏み入れるにはいくつか障害があって、たいていの人はそれを越えられないままでいる。

まず第一に、たいていの人は自分自身のビジネスを始めるのに必要なお金を持っていない。今ビジネスを始めるには平均して五百万ドル必要だ。次の問題は、金持ちになるいろいろな方法の中で、ゼロからビジネスを起こすのが一番リスクの高い方法であるという事実に変わりはないことだ。新規ビジネスの五年以内の失敗率は約九十パーセントだ。あなたが思い切って始めた事業が失敗したら、誰が五百万ドル損するか、それは言うまでもないことだ。ビジネスを始めてまもない頃、私は二回失敗した。そして、破産にまでは追い込まれなかったが（それに、政府からの財政援助《ベイルアウト》は一度も受けなかったが）、何百万ドルもの損をした。

自分でビジネスを始めた場合、普通は家賃、光熱費などの諸経費が発生するから、それらをきちんと払えなければいけない。従業員、納入業者への支払いも同様だ――そうしなければ、ビジネスは成り立たないのだから。では、支払ってもらうのをがまんしなければならないのは誰か？ それはあなただ。せっかくビジネスを立ち上げたのに軌道に乗せるまで――「本当に」成功させるまで――五年から十年の間、給料をもらえないというのはよくある話だ。

ぼろぼろのトヨタに寝泊りしていたキムと私のことを思い出してほしい。楽しい経験ではなかった。仕事に就けば、すぐにきちんとした屋根の下で暮らすこともできた。でも、どんなにみじめな（冗談でなく、本当にみじめだった）状況でも、私たちは誰かに雇われて働くよりホームレスである道を選んだ。なぜなら、ビジネスオーナーとなってBクワドラントで生活するという自分たちの夢こそが生きる道だと信じていたからだ。

たいていの人には、このような状況を乗り切るだけの精神的、感情的、肉体的、あるいは経済的スタミナがない。かなり厳しい状況になり得るし、実際、たいていの場合はそうなる。

■フランチャイズはどうか？

フランチャイズシステムは起業のリスクの多くを取り除いてくれる。マクドナルドやサブウェイのようにしっかりとしたフランチャイズなら成功率は大幅に上がるし、ビジネスの土台はすでにあなたのために用意されている。それでも、お金を用意しなければいけないという一番の問題は依然として残る。有名なフランチャイズの営業権を買うには十万ドルから百五十万ドル、あるいはそれ以上かかる。これは営業権だけのコストで、そのほかにトレーニングや広告、サポートに対して本部に毎月支払わなければならない。

それに、どんなにサポートがあろうと大きな富が手に入る保証はない。自分の店は損を出しているのに、フランチャイザー、つまり本部には支払いを続けなければいけないという場合も多い。それに、たとえあなたが繁盛しているフランチャイズ店を持つ幸運な人たちの一人になれたとしても、最初の数年間は自分に支払うだけの儲けは出ない可能性が非常に高い。そして、フランチャイズ店のうち三軒に一軒は長続きせず結局つぶれる。

私の実の父、貧乏父さんは五十歳の時に、ハワイ州の知事選に副知事として立候補するというむこうみずな行動に出た。選挙で闘う相手の現知事は、あいにくと父の上司だった。父は選挙に負けただけでなく、この上司によって首にされ、ハワイ州の政府機関では二度と仕事をさせないと言い渡された。父はその後、貯金を全部はたいて、「失敗なしのフランチャイズ」と広告に謳われていた有名フランチャイズ店の営業権を買った。

失敗するはずのないそのフランチャイズが失敗し、父はつぎ込んだお金を失った。実際のところ、父はすべてを失った。

論理的にはフランチャイズシステムはすばらしいアイディアだ。でも、現実に即して言えばギャンブルだ。そして、このギャンブルは、テーブルについてゲームに参加しようとしたら、そのためだけでも大金が必要だ。

■不労所得の威力

あなたは、一部の公衆トイレに設置されている、節水用のスプリング式の栓のついた水道を使ったことはないだろうか？　水を出すためには蛇口の頭やレバーを押し続けなければいけない。押すのをやめると水が止まる。

たいていの人の収入源はこの蛇口と同じような仕組みになっている。いくらかのお金は流れているが、栓を押すのをやめると、レバーがもとの位置に戻って流れは止まってしまう。このようなやり方では決して経済的自由は手に入らない。あなたがほしいのは、一度栓を回したらその位置で止まって、手を離すことができる水道だ。

大事なのは、今日、明日、あるいは来週、収入を手に入れることではない。これから先ずっと、確実に収入を手に入れることが大事だ。それが「不労所得」だ。残余所得とも呼ばれるこの所得は、労力と資金を費やしてその収入源を一度作り出したら、それからずっと長い間、繰り返し入ってくる収入だ。

自分をBクワドラントに移動させることは、不労所得獲得へ向けての大きな一歩ではあるが、すべてのビジネスがこの種の所得を生み出すとは限らない。レストランのオーナーは料理を作って、それを売ってはじめて収入が得られる。エアコンの修理をする会社の場合も、修理してはじめて収入が得られる。高い報酬を受けている医者や弁護士でも、患者や顧客を相手に仕事をしてはじめて報酬を得られる。彼らの専門知識やサービスを必要とする患者や顧客がいない日が一週間続いたら、水道の栓は「閉」に戻ってしまい、その週は収入がなくなる。

世の中の大部分の人に必要なのは、不労所得を作り出すことにつながる道だ。ドナルド・トランプと私はそのことを考慮に入れて、不労所得を生むさまざまなビジネスモデルを一緒に検討し、その結果を『あなたに金持ちになってほしい』という本にまとめて出版した。

ところで、この本のタイトルは単なる思いつきでつけたものではない。私たちは本当にあなたに金持ちになってもらいたいと思っている。富の形成は、一方の得点が他方の失点となる「ゼロサムゲーム」ではない。つまり、あなたが金持ちになったからといって私のお金、あるいはドナルドのお金、誰かほかの人のお金がそれだけ減るというわけではない。私たちが生きるこの世界は、驚きと豊かさに満ちた世界だ。そこには、地球上のすべての人間が金持ちになってもなお余りあるエネルギー、材料、新しい発明、想像力、そして意欲があふれている。

検討の結果、ドナルドと私は何を見つけたか？　私たちはほかと比べて特に目立つビジネスモデルがあることに気が付いた。このビジネスモデルは不労所得を生み出すが、始めるための投資額が比較的少ない。また諸経費も非常に少なくてすむし、今やっているフルタイムの仕事をやめても大丈夫なだけのキャッシュフローが生み出されるまで、起業家が余暇を使ってパートタイムでやることもできる。

このビジネスモデルはネットワークマーケティングと呼ばれている。本書ではこれから先、このビジネスモデルについて詳しくお話しする。

第二部
富の形成を助ける八つの資産

ネットワークマーケティングが
あなたの未来を確実なものにできる八つの理由

第七章 私のビジネス経験

この章は、私の立場をはっきりさせるところから始める必要があると思う。私はネットワークマーケティング業に本格的にかかわったことは一度もない。ネットワークマーケティング会社のディストリビューターでもないし、その種の会社を所有しているわけでもない。また、特定の会社と金銭的な利害関係があるわけでもないし、特定の会社を推薦するつもりもない。でも、ネットワークマーケティングビジネス全体を後押しし、それを広めることに尽力しているという点では、このビジネスに深く関わっている。この章では、なぜ私がそうしているか、その理由をお話ししたい。

私がネットワークマーケティングにはじめて出会ったのは、一九七五年、友人の一人に「新しいビジネスチャンスを紹介する集まりがあるが来ないか」と誘われて、その会合に出席した時だった。ビジネスや投資のチャンスを耳にした時はいつも調べることにしているので、ビジネスに関する会合がオフィスではなく個人の家で開かれるのはちょっとおかしいと思ったものの、行くと返事をした。

私は三時間ほど、仕事を見つけて働く代わりに自分のビジネスを築くことにどんな価値があるか力説する友人の言葉に耳を傾けた。彼の主張のほとんどはもっともな話に思えた。夕方に開かれたその会合が終わりに近づいた時、友人は私に感想を聞いた。「おもしろい話だ」私はそう答えた。「でもぼくには向いていない」

その頃すでに私は、あるビジネスを起こすプロセスに全面的に関わっていた。このぼくが、なぜまたほかの人と一緒にビジネスを始めなくてはいけないんだ？　おまけに、これは例の「ネットワークマーケティング」じゃないか。当時の私は、この名称が意味するところは本当にはわかっていなかったが、わかっているつもりで、自分にはまったく価値のないものだと確信していた。

この会合があってからまもなく、二人の友人と少し前に始めたスポーツ・レジャー用財布のビジネスが急成長した。二年間の苦労が実を結び始めたのだ。成功と名声とお金が三人の上に降り注ぐかのようだった。「三十歳までに百万長者《ミリオネア》になる」と自分に誓っていた私たちは、大きな努力と犠牲と引き換えにその目標に到達した。（これは一九七〇年代のことだったから、百万ドルというのは実際かなりの価値があった。）この会社と製品はサーファー、ランナーズ・ワールド、ジェントルマンズ・クォータリーといった雑誌にも取り上げられた。スポーツ製品の世界で私たちは話題の新人となり、世界中から注文が殺到した。大成功だ！

私はネットワークマーケティングビジネスのことを改めて検討し直そうとはまったく思わなかった。少なくともそれから十年間は思い出しもしなかった。

■ 新しいアイディアに心を開く

この大成功に続く数年の間に、私は新しいアイディアに心を開くようになった。信じられないほど成功した財布ビジネスは、創業から二、三年後にうまくいかなくなった。それは屈辱的であると同時にとてもいい経験だった。なぜなら、おかげで自分のまわりの世界をもっと注意深くながめて、いろいろな問いかけをするようになったからだ。金持ち父さんが教えてくれたことで、前はわからなかったことがよく、深くわかるようになり将来を見通す力が強くなった。その後、私が新たにビジネスを起こし、それを成功させるまでに長くはかからなかった。それも一つではなく次々と成功させた――最初のビジネスとは異なり、それらはつぶれなかった。

この時期、私はまた、自分が金持ちになることだけでなく、ほかの人たちが金持ちになる方法を見つけて、それを教えるという考えに強く引かれるようになった。個人的な成功は確かに大きな満足をもたらしてくれるが、もっと多くの人たちがそれぞれの成功を手に入れられるように手助けできたら、もっと大きな満足感が得られるはずだということに気が付いたのだ。

その後十五年間、私はネットワークマーケティングについて悪い話ばかり聞かされた。話をしてくれたのはほとんどが私の知り合いだった。いろいろ聞かされたあげく、私はとうとう自分で調べてみようと決心した。

一九九〇年代のはじめ、ビルという名の友人とばったり出会った。ビルは億万長者で、その時にはすでに引退していた。私たちはおしゃべりを始めたが、するとどうだろう、ビルはネットワークマーケティングビジネスを起こすのに関わっていると言い出したのだ！

ビルはとても頭がよく何でもよくわかっている人だ。彼が十億ドル以上の価値のある商業用不動産プロジェクトを完成させたばかりだと知っていた私は、一体なぜ、ネットワークマーケティングビジネスなどに頭を突っ込んでいるのか聞いた。

ビルはこう答えた。「ここ何年もの間、私はいつも人から不動産投資についてのアドバイスを求められる。

みんな私と一緒に投資できないか知りたがる。でも、彼らにはそれはできない。なぜなら、ほとんどの人は、私が手がけるレベルの不動産投資に参加するのに必要な五万ドル、十万ドルといったお金を持っていないからだ」

「実際のところ、私にアドバイスを求める人たちの多くはお金をまったく持っていない。中には二カ月給料をもらえなかったら破産しそうな人もいる。だからこそ、彼らは格安で頭金なしの投資を探している。でも、そういう投資は往々にして悪い投資だ。ネットワークマーケティングを教えてあげれば、そういう人がもっとまともな投資をするのに必要なお金を作るのを手伝ってあげられる。私が手助けしてネットワークマーケティングをする人が増えれば、私の不動産に投資する人も増える！」

ビルはさらにこう付け加えた。「それに私は、学ぶことと成長することに貪欲な人たちと一緒に働くのが大好きなんだ。自分は何でも知っていると思っている人と一緒に働くのはおもしろくない。私が手がける不動産取引では、結局そうなることが多いんだけれどね。ネットワークマーケティングビジネスで一緒に働いている人たちは、新しいアイディアに心底興味を持っていて、目を輝かせてやっている」

それから数分間話をしたあと、私は大急ぎで飛行場へ行かなければならなかった。でも、その後数カ月の間、私たちはこのことについて話し続け、そうするうちに、ネットワークマーケティングビジネスと、それが意味するものに対する私の評価は高まっていった。

一九九四年、私はネットワークマーケティング業界について本気で調べ始めた。情報が手に入った説明会には全部出席して熱心に耳を傾けた。いくつもの会社の紹介や広告を詳しく読み、ビジネスへの投資を考える時にいつもやるデューデリジェンス（事前調査・評価）と同じように、過去の業績記録を細かくチェックした。そして、それらの結果が好ましいものだった場合、もっと多くを学ぶために参加してみたことも何度かある。もっとも、その目的はネットワークマーケティングビジネスに参加するというのはどんなものか、内側から見ることだけだったが。

そのうち、私はいくつかの会社のトップと会うようになったが、彼らが私の長年のビジネス生活で出会った人たちの中でも飛び抜けて知的で、思いやりがあり、倫理的、道徳的で、人間的、職業的に非常にすぐれた人々であることを知りとても驚いた。尊敬でき、自分と重ね合わせて見ることができる人々と出会い、それまで持っていた偏見を克服した私は、自分がこの業界の真髄を見つけたことに気が付いた――そこで私が見つけたのは驚くべきものだった。

前に話したように、一九七五年の説明会で偶然はじめてそのコンセプトに出会った時、私の心はそのような考え方に対して閉じていた。二十年近く経ったこの時、私の考えは完全に変わっていた。

私は時々こう聞かれる。「自分がそのやり方で金持ちになったわけではないのに、なぜあなたは、富を形成する方法としてネットワークマーケティングを他人に勧めるのですか？」

実際のところ、ネットワークマーケティングで金持ちになったわけではないからこそ、この業界に関して比較的客観的な立場をとれるからというのがその理由だ。私がこのビジネスモデルに価値を認めるようになったのは外側の人間としてだったし、すでに財産を築き経済的自由を獲得してからあとだった。

理由は何であれ、もし私がまた人生をやり直しゼロから始めるとしたら、いきなり従来型のビジネスを起こすのではなく、ネットワークマーケティングビジネスを起こすところから始めるだろう。

■そもそもネットワークマーケティングとは何か？

この章の最初で、私自身はネットワークマーケティングに直接深く関わったことはないと書いたが、知り合いに深い関わりを持っている人がいるので、彼の見方、考え方を紹介するために本書の共著者になってもらった。

友人のジョン・フレミングは建築家として社会に出た（近代建築の三大巨匠の一人と言われるミース・ファン・デル・ローエの事務所で働いたこともある）が、そのことは、私がネットワークビジネスに対する彼のアプローチを高く買っている理由の一つでもある。建築家としてジョンは、実用的なデザインと機能的な構造を実現することに大きな情熱を傾けているが、ネットワークビジネスに対してもそれと同じ情熱を持っている。耐久性のある「構造」を作り出すことの価値を重んじる男、それがジョンだ。

本書には、四十年近くにわたるネットワークビジネスでのジョンの経験が活かされている。ジョンは会社のオーナーであり、経営者でもある。また、ほかの多くの会社の重役も務めている。その中にはこの業界で最大級で、最も高い評価を受けている会社も含まれている。その会社でジョンは終身在職権を得ていて、支部副社長、およびセールス戦略、トレーニング、開発担当の副社長として活躍している。ジョンはまた、この業界内のさまざまな団体にも関わっていて、一九九七年には直接販売教育財団から最高の名誉であるサークル・オブ・オナーを授与されている。今、ジョンは直接販売会社やネットワークビジネス会社の重役向け刊行物として定評のあるダイレクト・セーリング・ニューズの編集長をしている。

ロバート：ジョン、まだ知らない読者のために、ネットワークマーケティングというのは本当のところどんなものなのか、そして、それはどのような仕組みで働くのか説明してくれないか?

ジョン：ネットワークマーケティングは二十世紀の中頃からいろいろな形で存在している。基本的な考え方がとてもすばらしいんだが、それと同時にとても単純なんだ。つまり、製品やサービスの販売促進のために、広告や販売を業務とするさまざまな代理店や販売経路に膨大なお金を費やすのではなく、製品やサービスを心から気に入ってくれている人に、そのことをほかの人にただ単純に伝えてもらったらどうだろうという考え方だ。

ネットワークマーケティング会社はまさにそれを実践している。会社は販売によって得た利益の一部を、会社から独立した形で活動している「販売代理人」たちに支払う。その代理人たちはたいていの場合、その会社の製品やサービスの最も忠実な愛用者だ。

ロバート：まだ疑問のある読者がいるかもしれないから、わざといじわるな質問をさせてもらうよ。そんなやり方が可能なのかい? いったいどんなふうに機能するんだい? マーケティングの専門家でもないごく普通の人たちが、ほかの製品と競争してまともな販路を開拓するなんてことが本当にできるのかい?

ジョン：実際のところ、そこがネットワークマーケティングで一番すばらしいところなんだ。マーケティングの専門家やハリウッドのプロデューサー、巨大企業の重役たちなどがみんな知っていることだが、世界で最も強力な販売促進の方法は「口コミ」だ。テレビのコマーシャルで役者たちに視聴者の母親や妻や夫、親しい友人、子供などとそっくりな話し方をさせるために、何百万ドルものお金が使われるのはそのためだ。そういうコマーシャルは実生活における人から人への口コミのまねをしている。

ネットワークマーケティングでは本物を使う。このビジネスモデルの威力――ロバート、きみが言うところのレバレッジだ――は、販売代理人としてきみが、自分自身が直接に製品を紹介した人たちが買った分に対するコミッションを会社から支払ってもらうだけでなく、多くの場合、その人たちが新たに紹介した――直接的あるいは間接的に――人たちが買った分に対しても支払いを受ける点にある。これは積もり積もって大きな額になり得る。

で、この方法はうまくいくのだろうか？　この質問に対する答えは明らかだ。今、直接販売、ネットワークマーケティングの売上総額は、全世界で年間一千百億ドルを超えている。これを一つの経済圏と考えたら、ニュージーランド、パキスタン、フィリピンなどの国にほぼ匹敵する。（私はこのビジネスモデルの説明をする時、「直接販売」と「ネットワークマーケティング」という両方の言葉をよく使うが、それは現在、直接販売会社のほとんどがネットワークマーケティング中心の販売方式を採用しているからだ。でも、本書の目的を明らかにするために、今後の私の説明の中では「ネットワークマーケティング」という言葉に統一するつもりだ。）

ネットワークマーケティング業界の売上総額が増え続けている理由の一つは、これが誰にとっても利益になる、本当の「ウィン・ウィン」方式だからだ。ネットワークマーケティング会社は、従来型のマーケティングでは実現がむずかしくコストもかかる、驚くほど高レベルの市場拡大と消費者認知を実現させている。そして、個々の販売代理人たちはかなりの額のキャッシュフローを生み出すチャンスを手にしている。

一体どのような方法で？　その鍵は、口コミ——人と人とのつながり——の力を利用し、その会社の製品あるいはサービスを流通させるためのしっかりしたネットワークを構築することにある。。

ロバート、きみはBクワドラントのビジネスは少なくとも五百人の従業員がいる会社だと言っているね。ネットワークマーケティングに参加した場合は、きみは誰も雇わない。独立した販売代理人である個人のスポンサーになるだけだ。でも、そこに働く経済的な力学は同じだ。販売代理人からなるネットワークの規模が三百人、あるいは四百人に達する頃には、かなりの不労所得を生む本格的な組織ができあがる。

■ほかの人はネットワークマーケティングについてどう言っているか？

ジョンが言っているように、このビジネスモデルはパワフルだ。なぜなら、実際に効果があるからだ。そう主張するのは私たちだけではない。

『エクセレント・カンパニー』の著者で、経営の専門家として有名なトム・ピーターズはネットワークマーケティングを次のように言い表している。「五十年以上前にプロクター・アンド・ギャンブルとハーバード・ビジネススクールで『現代』マーケティングが出現して以来はじめての、マーケティング手法における真の革命的転換だ」

ネットワークマーケティングが最近大きな成功を収めるようになったことは、フォーブス、フォーチュン、ニューズウィーク、タイム、USニューズ・アンド・ワールド・リポート、USAトゥデイ、ニューヨークタイムズ、ウォールストリートジャーナルといった雑誌や新聞でも取り上げられている。十五年前には、これらの定期刊行物はどれも、この種のビジネスモデルに見向きもしなかった。それがどうだろう。最近のフォーチュン誌上では、ネットワークマーケティングについてこんなふうに書かれている。

「まさに投資家の夢そのもの……ビジネスの世界で最も巧みに隠されてきた秘密……着実に毎年業績を伸ばし、健全なキャッシュフローと投下資本に対する高い利益率、長期的な世界的拡張を実現させている業界」

ウォーレン・バフェットとリチャード・ブランソンの二人は火と水ほども違う。バフェットは小型トラックを乗り回し、オマハに住んでいる。一方、ブランソンは自家用飛行機を乗り回し、英領バージン諸島にある自分の所有する島に住んでいる。でも、この二人に共通することが三つある。それは二人とも億万長者であること、二人ともきわめて経験豊かな人物であること、そして、二人ともネットワークマーケティング会社を持っていたことがある点だ。

これには何か意味があるのではないだろうか？

シティグループ、ジョッキー、ロレアル、マーズ、レミントン、ユニリーバ——これらの企業に共通することは何だろうか？　それは、どの企業もネットワークマーケティング業界に足を突っ込んでいるということだ。中にはどっぷり腰までつかっている会社もある。

今日、ネットワークマーケティングは多くの専門家、ビジネス界で成功している人々の間で、世界で最も速く成長しているビジネスモデルの一つとして認められている。

第八章 収入自体ではなく、収入を生み出す資産が大事

今でも、ネットワークマーケティングの価値を理解していない人が大勢いるが、これは無理もない話だ。なぜなら、実際にそれに関わっている人たちの多くが、自分たちが手にしているものの価値を完全に理解していないからだ。

ネットワークマーケティングの説明会に来た人が一番よく聞くのは「このビジネスに参加したら、どれだけ収入が得られるか?」ということだ。そして、当然といえば当然だが、ネットワークマーケティングビジネスを促進する側の人たちの話を聞いても、同じこと、つまり一カ月にいくら儲けられるかという話を聞かされることが多い。

人が一カ月にいくら儲けられるか知りたがるのは、Eクワドラントやクワドラントでの生活をもとに考えているからだ。そういう人は今の自分のEクワドラントやSクワドラントでの収入を補充する、あるいはそれに代わる収入を得ることを考えている。

でも、ネットワークマーケティングの真の価値はそこにはない。

収入を稼ぎ出すことにおいて問題なのは、それが非常に限られた直線的なプロセスであることだ。つまり、一時間働いて一ドル稼ぐ、二時間働いて二ドル稼ぐ……という世界だ。すべてがあなたの肩にかかっている

から、あなたは決してやめられない。前に言ったように、これは「罠」だ。たいていの人は本能的にそれを感じている。そして、その罠から抜け出す方法はより多くの収入を稼ぎ出すことだと思っている。でも、より多くの収入を稼ぎ出しても、収入に縛り付けられているという基本的事実は変えられない。実際のところ、より多くの収入を稼ぎ出しても、単に首にかかった罠をきつくするだけの場合が多い。

BとIのクワドラントでは、より多くの収入を稼ぎ出すことは重要ではない。そこでは、収入を「生み出す」資産を所有することが大事だ。

■「持ち家」に関する真実

たいていの人が資産だと考えているものは、資産どころではなく、実際のところ負債だ。

それが資産か負債かを決めるのは、価値などという抽象的なものではなくキャッシュフローだ。言い換えれば、あなたのポケットに入るお金を生み出しているか、あるいはあなたのポケットからお金を取っていくかが問題だ。どんなものもお金をもたらすかお金を取っていくか、そのどちらかだ。お金をもたらさなければそれは資産ではない。負債だ。

これまで長年の間、人々は自分たちの持ち家をATM代わりに使ってきた。家を抵当にしてお金を借りて、クレジットカードの残金を支払ったり、休暇旅行を楽しんだり、SUVを買ったり、そのほかあらゆることのために必要なお金をひねり出してきた。あなたもそうしたことがあるかもしれない。もしそうだとしたら、あなたがそうしたのは、「持ち家は資産だ」という昔ながらの決まり文句を真に受けて、その本当の姿を見ていなかった、つまり持ち家が屋根とドライブウェイのついたクレジットカードにすぎないことを見逃していたからだ。

ここで、資産とは何か説明しよう。

たいていの人はよくわからないまま、変なふうに考えてしまう。頼みの綱の辞書にあるのは「資産とは何らかの価値があるものだ」といった定義だ。まあ確かにそうとも言えるだろう。問題は、「価値」というだまされやすい言葉だ。ここで質問をさせてほしい。

「あなたの持ち家はどれだけの価値があるか？」

この質問に対するあなたの答えを聞く前に、別の言い方で同じことを聞かせてほしい。

「あなたの持ち家は毎月継続して、いくらの収入を生んでいるか？」

あなたはきっとこんなふうに答えるだろう。「まあ、そう言われればゼロだ。実際のところ、修繕やメンテナンスなどで毎月あれこれかなりの費用がかかっている」

まさにその通り。それだから持ち家は資産ではなく負債なのだ。

「でも、ちょっと待ってほしい。私の家には数十万ドルの価値がある！」あなたはそう言うかもしれない。

それは本当だろうか？　いつそうなるのだろうか？　未来のいつか、もし売ったとしたら？　でも、そうしたらどこに住むのか？　家を売ったお金を使ってまた住む家を買う？——当然そうなるだろう。ではあなたの言う「家の価値」、つまり自分の懐に入り、好きなものを買ったり、好きな投資をしたりして、実際に自由に使える収入はどこにあるのだろう？　そんなものはない。何もないのだ。持ち家は資産ではない。それはあなたがお金を注ぎ込んでいる、地面に空いた穴だ。

■地面の穴と資産の見分け方

辞書の定義は今ちょっと忘れて、実世界に基づいた話をしよう。資産とは、あなたのために働いてくれて、あなたがこれから一生働かなくてすむようにしてくれるものだ。私の貧乏父さんはいつも「仕事を見つけて働け」と言っていた。一方、金持ち父さんは「資産を築け」と言っていた。

Ｂクワドラントで生きることに伴う大きな利点は、ビジネスを起こすことが資産を築くことを意味する点だ。

私たちが起こした「リッチダッドビジネス」は、世界中にオフィスを持っている。私が働いていようが、寝ていようが、あるいはゴルフをしていようが、収入の流れは止まらない。これは不労所得（あるいは残余所得）だ。私は従業員としてせっせと働くことはしないが、資産を築くためには必死で働く。その理由は簡単だ。労働者階級の人間の考え方ではなく、金持ちの考え方をしているからだ。

ビジネスを所有することは資産を所有することと同じだから、ネットワークマーケティングビジネスをやっている人は、人生でとても大切なさまざまなスキルを学ぶだけでなく、自分のために真の資産を築いていることになる。仕事に就いた場合は、「収入を稼ぎ出す」だけだ。ネットワークマーケティングでは、収入を稼ぎ出す代わりに資産――あなた自身のビジネス――を築き、その資産が収入を生み出してくれる。

私は自分に儲けさせてくれるものだけに投資する。私に儲けさせてくれるものは資産だ。もし、お金を取っていくのなら、それは負債だ。私はポルシェを二台持っているが、それらは負債だ。支払いは済んでいて完全に自分のものだが、ポルシェは私のポケットにお金を入れてくれない。ポケットからお金を取っていくばかりだ。これは誰にでもわかる理屈だ。

このことがよくわかっている人が資産として一番だと思うのは、たいていの場合ビジネスだ。そして、二番目がだいたい不動産だ。ただし、投資用不動産なら何でもいいというわけではない。ここでは、キャッシュフローとキャピタルゲインの違いをよく理解する必要がある。たいていの人はこの区別を理解していない。そういう人が投資をする時はたいていキャピタルゲインが目的で、「持ち家の価値が上がった」「うちの車の価値が上がった」などと言う。これはキャピタルゲインに基づいた話だ。キャッシュフローではない。

不動産を所有する目的は、資産としてそれを持ち続けることだ。利益を得るためにそれを売ることではない。十万ドルで買った不動産を二十万ドルで売った場合、その不動産は資産ではない。あなたは単に十万ドルのキャピタルゲインを得ただけだ。そのお金を得るために、あなたは資産を「撃ち殺さなければ」ならなかった。あなたは資産を「殺した」。それは、お金を得るために牛を売るのに似ている。私だったら、牛を所有し続けてミルクを売るようにする。

仕事に就くことに伴う最大の問題はここにある。つまり、仕事は資産ではないことが問題だ。eBayで売ることもできないし、賃貸に出すことも、配当を得ることもできない。それならばなぜ、何十年も人生の一番いい時期を費やして、資産でもないものを築くためにせっせと仕事をし続けるのか？　もう少し正確に言おう。なぜ、あなた自身の資産ではなく、他人の資産を築くためにせっせと働き続けるのか？

よく注意して聞いてほしい――仕事に就いて働いている時、あなたは確かに資産を築いている。ただその資産があなたのものではないというだけの話だ。

私たちの頭には、いい仕事に就くことに特別な価値があるという考え方が刻み込まれている。でも、そこには本当は価値はない。価値はゼロだ。さらに「泣きっ面にハチ」とも言うべきことがある。それは、仕事から得られる収入にはほかの種類の収入よりも高い率で税金がかかるということだ。まさに、あなたに不利なことだらけだ！　それでも、Ｅクワドラントの「安心と保障」と引き換えにこの代価を喜んで支払おうという人がたくさんいる。

■大事なのは商品を売ることや収入を稼ぎ出すことではない

ネットワークマーケティングに関してよくありがちな最大の誤解は、それが物を売るビジネスだと思われている点だ。物を売ることは単により多くの収入を稼ぎ出すことにしかならない。問題は、売るのをやめたら収入も途絶えてしまうことだ。

物を売る営業マンは「仕事に就いている」。デパートの売り場で働いている人はＥクワドラントに属している。個人で保険や家、宝石を売るビジネスをしている人はＳクワドラントに属している。でも、どの場合も、仕事を持っていて、その仕事が物やサービスを売ることだという事実に変わりはない。

これでは富を築くことも、自由を獲得することもできない。

あなたに必要なのは「別の仕事」ではない。新しい住所、Ｂクワドラントでの住みかだ。

ジョン：ロバート、まったくその通りだ。この業界での成功の鍵は「セールスが得意であること」だと思っている人が多い。でも、ネットワークマーケティングで大事なのは、そこで扱っている特定の製品やサービスをうまく売ることではない。なぜなら、たとえセールスがどんなにうまくなったとしても——正直に言わせてもらうと、たいていの人はおそらく「自分はセールスは得意ではない」と思っているはずだ——、売ることで得られる収入には限りがある。

どんなにがんばっても一日の時間には限りがある、そうだろう？

ネットワークマーケティングで一番大事なのは、製品を売ることではなくネットワークを築くこと、つまり、ほかの人たちとそれを分かち合うために、同じ製品あるいはサービスを扱う販売代理人たちからなる組織を作ることだ。

目的はあなた——あるいは組織内のほかの誰でも——が製品をたくさん売ることではなく、たくさんの人々が自分自身の最良の顧客となり、適度な数の顧客に物やサービスを売り、それと同じことをどのようにしてやったらいいか、さらに多くの人に教え、仲間にすることだ。

個々に独立した販売代理人からなる組織を築くことがあなたにとって大事な理由はこうだ。そのような組織を作ったら何が手に入るか？　あなたに代わって収入を生み出してくれる資産、つまり、不労所得を生み出す資産が手に入る！

本書の第十三章で、私はジョンに、ネットワークマーケティングで大事なのが売ることでも優秀な販売員になることでもない理由を、もっと詳しく説明してくれるつもりなので、みなさんにはその部分をよく注意して読んでもらいたい。なぜなら、一番大事な点なのに、たいていの人がなかなか理解できないからだ。今の段階ではとりあえず、次の点をしっかり頭に入れておいてほしい――ネットワークマーケティングで重要なのはより多くの収入を稼ぐことではなく、資産を築くことだ。

ネットワークマーケティングで本当に重要なのは、一度に「八つの資産」を築くことだ。次の章から、この八つの資産を一つずつ詳しく見ていこう。

第九章
資産その1　実社会でのビジネス教育

恥ずかしながら白状するが、私は文章を読むのがとても遅い。確かによく本を読むが、それは読むのに時間がかかるからだ。それに、内容を本当に理解するために二回も三回も同じ本を読まなければならないことがよくある。それだけではない。私は文章を書くのも苦手だ。実際のところ、ハイスクールでは作文のクラスで二度も落第点を取っている。

成績がCばかりの、このごく普通の学生――作文のクラスで落第点を取り、今でも文章を書くのが苦手な私――の本が、七冊もニューヨークタイムズ紙のベストセラーリストに名を連ねたとは、実に皮肉な話だ。

なぜ今こんな話を持ち出したかというと、いい成績がすべてではないと言いたかったからだ。

誤解しないでほしい。私は教育を軽んじているわけではない。教育はとても大事だと思っている。実際のところ、その大切さは人一倍強く感じている。ただ、ほかの人と違うのは、私が一番大切だと思っている教育が、実り豊かな人生を送るために学ぶ必要があるものを本当に教える教育だという点だ。

自分自身のネットワークマーケティングビジネスを築くように人に勧める理由として、私がいつも一番に挙げるのは、販売代理人としてあなたが売ることになるすばらしい製品――たとえそれが人生を百八十度変えるような製品であっても――ではない。また、そこから生み出される収入や自由な時間でもない。

確かに多くの場合、そこで扱われている製品はすばらしい。また、富の形成へ続く真の道を示してくれるその可能性にも大きな価値があると思う。でも、そういったことは、この経験からあなたが得る数々の利点の中で一番大切なものではない。この経験から得られるものの中で一番大事なのは、実社会におけるビジネス教育だ。

■三つの種類の教育

もしあなたが経済的に成功したいと思っていたら、学校教育、職業教育、ファイナンシャル教育の三つの異なるタイプの教育が必要だ。

学校教育は「読み・書き・計算」を教えてくれる。これはとても大事な教育だ。特に今の世の中では欠かせない。私自身はこのレベルの教育ではあまりいい成績は取れなかった。先ほど言ったように、私は生涯を通じて、成績がCばかりの平凡な学生だった。理由は単純だ。学校で教えられていたことにあまり興味が持てなかったからだ。

二つ目の職業教育はあなたに「お金のために働く」方法を教えてくれる。言い換えると、EとSのクワドラントで生きる準備をさせてくれる。私が青年だった時代には、頭のいい学生たちは医者や弁護士、会計士になる道へ進んだ。ほかの学生たちは医療アシスタント、配管工、大工、電気工、自動車工などになるために職業学校へ進んだ。

私はこのレベルの教育でもあまりいい成績は取れなかった。学校教育の成績が悪かったから、医者や弁護士、会計士になったらいいと勧められることもなかった。私は船の高級船員になり、その後ヘリコプターのパイロットになって、海兵隊員としてベトナムでヘリコプターを飛ばした。そして、二十三歳になった時には、二つの職業を身に着けていた。一つは高級船員、もう一つはパイロットだ。でも、お金を儲けるためにこれらの職業的技術を使ったことは一度もない。

三つ目のファイナンシャル教育は、お金のために働くのではなく自分のために「お金を働かせる」方法を学ぶ場だ。ビジネススクールに通えばこの教育が受けられると思う人がいるかもしれないが、そうはいかない場合が多い。一般的にビジネススクールがやっていることは、優等生を集めて訓練し、金持ちのために働く会社の重役を作ることだ。言い換えれば、ビジネススクールは学生をEクワドラントの梯子の上部に送り込むためにせっせと訓練する。でも、たとえ上に登ってもEクワドラントにいることに変わりはない。

ベトナムから帰還したあと、私は学校へ戻ってMBAを取ることを考えた。でも、金持ち父さんはそんなことはするなと言った。「伝統的な学校システムでMBAを取るのは、金持ちのための従業員になる訓練を受けることを意味する。自分自身が金持ちになりたいのなら、きみにはもう学校教育は必要ない。必要なのは実社会でのファイナンシャル教育だ」

■大切なスキル

起業家となり、Bクワドラントのビジネスを築くのは容易なことではない。実際問題として、Bクワドラントのビジネスを築くことは、人が立ち向かうことのできるチャレンジの中でも、一番むずかしいものの一つだと思う。Bクワドラントに属する人より、EやSのクワドラントに属する人のほうがずっと多い理由は、EやSのクワドラントのほうがBクワドラントより要求されるものが少ないからだ。もしBクワドラントに簡単に入れるのなら、みんなそうしているだろう。

ビジネスで成功するためには、おそらく学校では習わなかったいくつかの技術的スキルを身に着ける必要がある。

たとえば、生活や仕事を整理して自分の予定をきちんと立てることなどだ。

これは簡単に思えるかもしれないが、実際は思ったより大変だ。Eクワドラントからネットワークマーケティング業界に足を踏み入れた人は、ある種のカルチャーショックを受けることがある。なぜなら、何をしたらいいか、いつもほかの人から言われることに慣れているからだ。たとえそれまでどんなに一生懸命働いていても、自分で目標を決め、行動計画を立て、予定表を作り、時間をうまく配分し、生産的な一連の行動を実行に移すといった経験はまったくしていない人もいる。

このような基本的なビジネススキルを持っていない人がどんなに多いことか！　その事実にはショックを受けるが、当然と言えば当然のことだ。結局のところ、Eクワドラントではそれらは必ずしも必要ではないのだから。でも、もしあなたがBクワドラントに入ろうとしているなら、これらのスキルはなくてはならないものだ。これらはすべて、小切手帳の帳尻を合わせたり、ファイナンシャルプランを立てたり、決算書を読んだりする能力と同じくらい重要なスキルだ。

■ 税金面で有利な点

ネットワークマーケティングを始めたばかりの人は、自宅を仕事場とするビジネスを持っていると、税金面でかなり有利な点があることを知ってびっくりすることがよくある。

たいていの人は、自分たちには使えないさまざまな税制上の優遇措置を金持ちが利用していることに関して、少なくともぼんやりとは知っている。でも、ずっとEクワドラントで生活してきたために、そのような優遇措置がどんなものなのか、実際にどのような効果があるのかといったことに関しては、まったく知らないのが普通だ。そのため、新しいビジネスを始めたその日から、自分たちもそういった税金の優遇策を利用でき、自分のポケットにかなりのお金を余分に入れることができることを知ってびっくりする。

最近の税制改革、スモールビジネスと自営業者向けの保険プログラムの充実のおかげで、今の時代はこれまでのどんな時代にも増して簡単に、一般の大企業で用意されているものに匹敵する、あるいはそれ以上の、あなた独自の給付システムを導入することができる。今の仕事を続けながら、余暇を利用してネットワークマーケティングビジネスを始めることによって、あなたは金持ちのための税制優遇措置を利用できるようになる。つまり、パートタイムのビジネスを持っている人は、従業員として働いている人と比べてより多くの

図③　自宅でビジネスを始めたときに、税控除の対象となるもの

税控除を受けられる。

前頁の図③に挙げたのは、すでにあなたがお金を払って利用している物やサービスのうち、自宅でネットワークマーケティングビジネスを始めた場合、合法的に税控除を受けられる可能性のあるものの一部だ。ただし、これは例として挙げただけなので、あなたの状況に合った税金に関するアドバイスを受けるには、必ず税金の専門家に相談してほしい。

たとえば、自動車にかかる経費、ガソリン代、外食代、接待費などを控除できるかもしれない。もちろん、あなたの状況に合った税法に関しては、公認会計士に確認をとる必要がある。やってみるとわかるが、公認会計士に相談するのにかかったお金も経費として控除できる！　言い換えれば、政府はあなたが政府により少なく税金を払うにはどうしたらよいか、専門家のアドバイスを受けるのにかかった費用に対して税制上の優遇措置を与えているということだ。

こういったことを詳しく説明したのは、新しいビジネスを始めたその日からできる、節税というこのすばらしい経済的レバレッジについてあなたに知ってもらうためだけではない。それ以上に、次のようなことをよくわかってもらいたいと思ったからだ。つまり、たいていの人はBクワドラントの住人であることがどんなものかわかっていない。

たいていの人がBクワドラントで利用できる税制上の優遇措置について知るとショックを受ける理由は、多くの人にとって、Bクワドラントが「失われた大陸アトランティス」のように謎に満ちたものだからだ。ネットワークマーケティングの利点の一つは、その神秘のベールをはぎ取り、Bクワドラントでの生活がどんなものかあなたに見せてくれることだ。

実社会でのビジネス教育の世界にようこそ！

■人生スキル

ビジネスを立ち上げ、成功させようと思ったら、大事なのは単に技術的なスキルだけではない。それよりもっと大事なのは、Ｂクワドラントをうまく生き抜くのに必要な人生スキルだ。人生における長期的成功の秘訣は、教育とスキル、人生経験、そして一番大事なのは人間性だ。

たとえば私の場合は、自信の欠如、内気、拒否されることに対する恐怖といったものに打ち勝つ方法を学ばなければならなかった。人間的に成長するために私が学ばなければならなかったもう一つのスキルは、失敗したあとにやる気を取り戻し、前進し続ける方法だ。今挙げたことはどれも、ネットワークマーケティングビジネスであれ、フランチャイズビジネス、あるいはそのほかの形の会社であれ、Ｂクワドラントの新規ビジネスで成功するために養わなければならない人間的資質だ。

もしこのようなことを学校でも仕事場でも学ばず、子供の頃家庭でも教えてもらわなかったとしたら、いったいどこで学んだらいいのだろう？　実際にあなたが自分のビジネスを起こすのを助けてくれると同時に、あなたを教育し人間的に成長させるために時間を投資してくれるようなビジネスなど、いったいどこで見つかるというのだろう？

その答えは、ネットワークマーケティングにある。

ジョン：ロバート、この業界から得られる最大の利点として、きみがいつもビジネス教育を挙げるのはとても興味深いことだ。確かに、ネットワークマーケティングでの経験を通して、そこに参加しなかったら決して学ぶことはなかったようなスキルを学んだり、人間的な資質を培う人はとても多い。

ネットワークマーケティングは、恐怖に打ち勝つ方法、人とコミュニケーションをとる方法、「ノー」と言ってくる人の心理を理解する方法、拒否やそのほかの実社会でのさまざまなチャレンジに出会った時、それに耐えてやり抜く方法を教えてくれる。

ネットワークマーケティングを通して得られる実社会での教育の中で、特に重要なスキルの一部を次に挙げてみよう。

・成功に向けての前向きな姿勢
・成功のためのイメージ戦略
・個人的な恐怖、疑い、自信の欠如の克服
・拒否されることに対する恐怖の克服
・コミュニケーションスキル
・人間関係をうまく保つスキル
・時間をうまく管理するスキル
・責任・義務をきちんと果たすスキル
・現実的なゴールを設定するスキル
・お金をきちんと管理するスキル

・投資スキル

いいネットワークマーケティング会社は、今挙げたすべてのスキルを育てるためのきちんとしたトレーニング・プログラムを用意している。それに、私もきみと同意見だ――この種の教育にはお金に代えられない価値がある。

実際のところ、かなり一生懸命に探しても、これらのすべてのトレーニングを受けられる環境をほかで見つけるのは大変だ。こちらからお金を払って教えてもらう場所を見つけるのだって大変なのだから、「お金をもらって」教えてもらえる環境など簡単に見つかるはずがない。

ネットワークマーケティングでよく言われることがある。それはこのビジネスが「学びながら稼げる場所だ」ということだ。これはいい表現だ。なぜなら、今まで話してきた、この業界で一番大事なポイントに焦点が合わされている言葉だからだ。このビジネスに参加した人は、ビジネスについて他人が話すのを何年も教室の中で聞くことによってではなく、自分でビジネスをすることによって、そのやり方を学ぶ。

ネットワークマーケティングでのトレーニングは理論にとどまらない。経験を通して学ぶ。そして、参加した特定のプログラムのトップまで達したかどうか、あるいはたくさんお金を儲けたかどうかには関係なく、このトレーニングはそれ自体で大きな価値があり、その人のその後の人生でずっと役に立つ。実際のところ、まずネットワークマーケティングビジネスに参加し、そこで得たビジネス教育と経験のおかげで、最終的に別のビジネスで大きな成功を収めたという人もたくさんいる。

今ジョンが言ったことがこの章で一番大事なことであり、また私がこの十年間、このビジネスをみんなに勧めてきた最大の理由でもある。いいネットワークマーケティング会社に参加すれば、会社はあなたが走るコースを用意してくれるだけでなく、成功するために必要なスキルや資質を伸ばすのをサポートしてくれる。ネットワークマーケティングは、従業員としてのスキルではなく、起業家として実社会で必要なスキルを学びたいと思っている人たちのための「実社会のビジネススクール」だ。

第十章 資産その２　収入を伴った人間的成長の道

私にはよくわかる――読者のみなさんはおそらく今こんなことを考えているのではないだろうか？「おいキヨサキ、いやにソフトタッチじゃないか。『人間的成長の道』なんて、集団療法のテーマみたいな話を持ち出すなんて。私にはそんなものは必要ない。必要なのは家計簿の帳尻を合わせることだ。財産を築きたいんだ。友愛のゴスペル『クンバヤ』を歌いたいわけじゃない！」

そう結論を急がないでほしい。私は甘くなったわけではない。ただ、現実的になっているだけだ。「金持ちになる」ことは、五十セント硬貨をスロットマシーンに入れて運よく大当たりするのとはわけが違う。それに、あなたが今探しているのは家計の赤字を補う一時的な収入を得る道ではない。あなたは今、自分のコア・バリューを変えようとしている。それはただ「何をやるか」を変えればいいというものではない。本当の意味で、あなたが「どんな人間であるか」を変えることに関わっている。

私の友人のドナルド・トランプは今、何十億ドルもの純資産を持っていると言われるが、不動産市場が大暴落して全財産を失くした時期があった。九十二億ドルの借金を抱えたこの時の経験について、ドナルドはこう言っている。「通りを歩いていて物乞いを見かけた時、私はこう思った。ああ、この人は私より九十二億ドル多くの純資産を持っているんだ！」そんな状態にまで至っても、それほど長くたたないうちに、ドナルドは再びトップに躍り出た。なぜそんなことができたのだろう? なぜなら、彼がそういう人間だったからだ。もっと正確に言うなら、そういう人間に「なっていた」からだ。

私にも同じような経験がある。三十歳までに私は百万長者《ミリオネア》になっていた。二年後、私の会社は破産した。ビジネスを失うのは楽しい体験ではなかった。でも、すばらしい教育が受けられた。私はあの頃、数年の間に多くのことを学んだ。ビジネスについて多くを学んだのはもちろんだが、それよりも多く自分自身について学んだ。

会社が失敗したあと、金持ち父さんは私にこう言った。「お金と成功はきみを傲慢で愚かな人間にする。貧乏と屈辱を味わった今、きみは再び学ぶ立場に戻ることができる」金持ち父さんは正しかった。あの経験から学んだ数々の教えはその後ずっと役に立ち、お金には代えられない価値があった。国際的なビジネスを立ち上げ、それを失うという経験は、実社会での教育を私に与えてくれ、そのおかげで私は最終的に金持ちになれた。さらにそれより重要なのは、この教育が私を自由にしてくれたことだ。この教育期間に私が学んだ一番大事なことは、ビジネスやお金に関することではなかった。それは私自身に関することだった。

このことについてジョンに聞いてみよう。もしその答えが私が思っている通りだったら、私がここで言いたいことがみなさんにもっとよくわかってもらえると思う。

ロバート：ジョン、ネットワークマーケティングビジネスを始めた人が、みんな同じように成功するわけではないのは明らかだよね。きみの経験から言って、ネットワークマーケティングに参加しても、望み通りの成功を達成できない人がいる最大の理由は何だと思うかい?

ジョン：成功の定義は人によって違う。ある人にとって大事なことがほかの人にとってそうではないこともある。今の収入を補う程度で満足する人もいれば、収入の可能性や理想のライフスタイルに大きな変化をもたらすビジネスチャンスを真剣に求めている人もいる。だから失敗も、とても大きな意味でとらえなければいけない。かなりの規模のビジネスを築こうと思っている人にとっては、一カ月に千ドルの稼ぎは失敗かもしれないが、ある程度の余分な収入を家計にもたらすことを目的にしている母親にとっては、大きな成功かもしれない。

ぼくらは経験から知っているが、目的が何であれ、ネットワークマーケティングを長くやり続けた人は、どんどんいい方向に向いていく傾向がある。実際のところ、ぼくが思うに、この業界で失敗する唯一の「方法」は途中でやめることだけだ。

でも、このことをきちんとわかってもらうには、もう少し説明が必要だ。今、「途中でやめる」と言ったが、これはネットワークマーケティング会社をやめるかやめないか――販売代理権を放棄し、正式に「やめる」と宣言するかどうか――という意味ではない。ここで問題なのは、ビジネスをやめることではなく、自分自身を成長させることをやめることだ。

私が思っていた通りの答えだ！　このことは、はじめに私が言ったことにつながる。つまり、大事なのはただ仕事の種類を変えることではなく、自分を変えることだ。私はあらゆる面で理想的なこのビジネスについてあなたに教えてあげることはできる。でも、そのビジネスを成長させるためには、あなた自身も成長しなければならない。

■あなたの中に隠れている勝者と敗者

ジョンの今の話のように途中でやめた人にぴったりの言葉が二つある。一つは挫折者、もう一つは敗者だ。どんな人の中にも勝者と敗者が隠れている。私もそうだ。私の中には勝者と敗者がいて、出番をめぐってよく喧嘩している。世の中の大部分の人が人生で真の成功を手にせず「何とかやっていく」だけである理由は、自分の中の敗者をのさばらせているからだ。私はそうはしない。勝者に勝たせるようにがんばる。

自分の中の敗者が口を出していることはどうやったらわかるだろう?「それを買う余裕はない」「リスクが大きすぎる」「もし失敗したらどうする?」このような言葉は敗者の言葉だ。勝者はリスクをとるが、敗者は安心と保障のことしか考えない。

皮肉な話だ。敗者は安心と保障についてうるさく言う。そして、結局は、決して真の安心も保障も得られない仕事や人生につかまってしまう。もしかしたら数年後にはあなたをレイオフするかもしれない会社で週四十時間働くことのどこがいったい安心だというのだろう? あるいは、わずかな収入を、ろくでもない投資信託に汁を吸われるばかりの401(k)や、巨額詐欺事件を引き起こしたバーナード・マードフのようなファイナンシャル・アドバイザーが管理するファンドにつぎ込むことのどこが安心だというのだろう?

私たちの中には勝者と敗者が隠れている。金持ちと貧乏人、健康のためにせっせと運動をする人とソファーから動こうとしない人が隠れている。これは戦いだ。ネットワークマーケティングビジネスに参加したいとあなたが思う理由は、それがあなたの中の「金持ち」が表舞台に立つのをサポートしてくれるからだ。たとえ友達でも、自分の中の敗者にのさばらせている人たちは、あなたにソファーに座ったきりでいてほしいと思う。安全第一にして週四十時間働き続けてほしいと思う。なぜなら、そうしている限りは、あなたが自分たちに変化を要求してきたりしないからだ。ネットワークマーケティングのスポンサーたちは違う。ネットワークマーケティングのチームは、あなたがもっと優秀になること、これまでやり慣れてきたことをやり続けるのではなくそれ以上をやること、過去の平凡な自分から抜け出してもっと特別な人間、すばらしい人間に成長することを望む。

「それを買う余裕はない」「値段が高すぎる」「ただ将来の保障がほしいだけだ。そんなに一生懸命働いたり、リスクをとったりするのはいやだ」と言うのは簡単だ。敗者があなたにそう言わせる。

でも、そういうことを言ったり思ったりしたとしても、自分はだめだと感じる必要はない。みんな自分の中に敗者を持っている。私もだ。私の中にも敗者がいて、しかも敗者が優位に立つ――短い間ではあるが――ことがよくある。毎朝、私は二人のうちから一人を選ぶ。今朝目覚めたのはどちらの自分か？　金持ちの自分か貧乏人の自分か？　勝者か敗者か？　これは私たちみんなが立ち向かわなくてはならない戦いだ。

実際のところ、私たちは誰もがさまざまな種類の人間を内側に持っている。自分が「なれる可能性」を持った、ありとあらゆる種類の人間だ。私はいつも、幸せな結婚生活を送り、世の中に貢献し、精神的に自由でいる人間に表舞台に立ってほしいと思っていた。

恐怖や疑いの心、自信のなさに負けてしまうと、敗者が姿を現しその人を支配する。自分の夢を人と分かち合い、パワフルで説得力のある話を人にする方法を学ぶことは、あなたの中の敗者を隅に押しやり、勝者を表舞台に出す方法を学ぶことを意味する。パワフルな話をする方法を学ぶことは、本来の自分である勝者の姿であなたが表舞台に登場する方法を学ぶことを意味する。

たいていの人はやり抜く力、失望にめげず自分の進む未来へのビジョンを保ち続ける能力を持っていない。理由は簡単だ。そのスキルを身につけるトレーニングを受けてこなかったからだ。でも、この能力はとても大事だ。Ｂクワドラントでの生き方をマスターした達人が持つ真のスキルだ。これは起業家の考え方をすることを意味する。そして、これこそが、ネットワークマーケティングビジネスを築くことから学べる一番大事な資質だ。

私の場合は、自分の力を引き出し勝者に登場させるのに丸々二年かかった。はじめてゼロックス社に就職し働き始めた時のことだ。二年が過ぎようとしていた頃、私はどうにか首がつながっているような状況だった。でも、幸いなことにその頃やっと自信がついてきて、営業成績が上がり始め、その後の二年間は営業所の中で常に一位か二位の成績を上げた。

自尊心が高まったことは、給料をもらえることより大事だった。自信と自尊心を取り戻したことには、お金に代えられない価値があった。そして、それは私が何百万ドルものお金を儲ける手助けをしてくれた。その意味で、私はゼロックス社と、そこで私が自分の弱み、疑いや恐怖を克服する方法を教えてくれたスタッフへの感謝の気持ちをいつまでも忘れない。ゼロックス社は私が自信を取り戻し、それを強化する機会を与えてくれた。今、私がネットワークマーケティングを人に強く勧めるのは、この業界がそれと同じチャンスを与えてくれるからだ。

ネットワークマーケティングはあなたが恐怖に立ち向かい、それと戦い、克服し、あなたの中に隠れている勝者を引き出すチャンスを与えてくれる。

でも、間違えないでほしい。ネットワークマーケティングに参加し、自分のビジネスを築き始めたからといって、それだけで敗者から解放されるわけではない。あなたが本物の自由を獲得するには何年もかかる。ここアメリカでは、自由についてみんなよく話す。でも、経済的な自由を手に入れるまでは、真の意味で自由とは言えない。そして、そうなるためには時間がかかる。

私は財産も何もない家庭に生まれ、これまでの人生で何度か築いた財産を失う経験もした。だから、すべてを失うということがどういうことかよくわかる。今のような大変な時期には、敗者に好きなようにさせておくのは簡単だ。あなたもこれから先、自分が試されているように感じる時が来るだろう。たとえば、友人から「ほら、ぼくが言った通りじゃないか」などと言われるかもしれない。あるいは家族から「そのネットワークなんとやらはやめて、今の仕事にもっと精を出したほうがいいんじゃないの？」などと言われるかもしれない。

敗者に運転を任せてしまったほうが楽かもしれない……と心が揺れる時があなたにもきっと来る。そうなることは保証してもいい。でもそれに負けないでほしい。

がんばって勝利を手にしよう！

■飛行学校

毛虫はどれも蝶になる前に繭を作る。私にとっては飛行学校が繭だった。入学した時、ただの大学の卒業生だった私は、そこを出る時にはベトナムへ行く準備のできたパイロットになっていた。

もし民間の飛行学校へ行っていたとしたら、そこを出た時、パイロットにはなっていたとしても、戦争へ行く準備はできていなかったのではないかと思う。軍のパイロットとして私たちが学ばなければならなかったことは、民間のパイロットたちが学ばなくてはならないこととはまったく違う。技術レベルも違うし、トレーニングの厳しさも違う。それに、トレーニングが終わったあと戦争に行かなければならないという現実は、いろいろな面で違いを生む。

フロリダにある飛行学校で基礎を学ぶのにほぼ二年かかった。そこでパイロットの資格を得た私は、キャンプ・ペンドルトンに移籍されて上級飛行訓練を受けた。そこでの訓練はそれまでにもまして厳しかった。キャンプ・ペンドルトンでは、飛ぶことより戦うことに重点をおいた訓練が行われていた。

飛行学校での訓練を終えパイロットとなった私たちには、ベトナムへ行く前に一年の準備期間があった。私たちは長時間、絶え間なく飛んだ――多くの場合、頭脳的、感情的、肉体的、精神的に自分の限界を試すような状況のもとで。

キャンプ・ペンドルトンでの訓練が始まってから八カ月ほどたった頃、私の中で何かが変わった。ある日の訓練飛行中、私はとうとう戦争に行く準備のできたパイロットに生まれ変わった。それまでの私は頭脳、感情、肉体を使って飛んでいた（この状態を「機械的に飛ぶ」と呼ぶ人もいる）が、あの日の訓練飛行の間に私は精神的に変化した。その訓練で与えられた任務はとても困難で、それによって生じたあまりの緊張と恐怖のために、かえって私の中にあった自信のなさや恐怖が押しつぶされ、人間としての魂の力が優勢になった。そして、飛ぶことが私の一部になった。操縦席に座りながら、とても穏やかな気持ち、まるで自分の家にいるような気持ちになった。機体が自分の一部になり、ベトナムへ行く準備ができた。

だからといって恐怖がなくなったわけではない。戦争へ行くことに対する恐怖――死ぬこと、あるいは身体の一部を失うこと（このほうが私には怖かった）に対する恐怖――は前と同じだった。前と違ったのは戦争へ行く準備ができたことだ。自分に対する信頼が恐怖に勝るようになっていた。

私がビジネスパーソンや投資家になるプロセスも、戦地に行く準備のできたパイロットとなるプロセスとあまり違わなかった。二回の失敗を経て、私はある日突然、「起業家魂」とよく呼ばれる資質を自分の中に発見した。どんなに状況が厳しくなっても、キャッシュフロー・クワドラントのBとIクワドラントに私が踏みとどまっていられるのは、この起業家魂のおかげだ。私はEやSクワドラントの安全や快適さにずるずると戻ってしまうのではなく、BとIのクワドラントにとどまっていたい。

Bクワドラントが居心地よく感じられるだけの自信を私がつけるまでには、たぶん十五年かかったと思う。でも、みなさんは私よりラッキーだ。そんなに長い時間をかけて、私が犯した失敗や抱えた苦労をやり直す必要はない。みなさんは私が経験したのと同じ、人生を変える力を持つ教育を、この場で、「あなたの飛行学校」で受けることができる。その学校こそがネットワークマーケティングだ。

■ビジネススキルによって私の人生はどう変わったか

前の節では軍隊でのトレーニング、ベトナムのジャングルの戦場で飛ぶ方法を学ぶことについてお話ししたが、ここでは、人間性を高めることに関する個人的なお話をもう一つ付け加えたい。今度は本物の戦場ではなく、「愛の戦場」での話だ。

もし私が、自分なりの「人生の集中講座」を通して実社会のビジネススキルを習得していなかったら、理想の女性と結婚するなどという幸運には恵まれなかったと思う。でも、私はそれを学び、理想の女性と結婚した！

はじめてキムと出会った時、私は世界一美しい女性だと思った。ドキドキして口もきけず、近づいて話しかけることなど思っただけで恐ろしかった。でも、その時までに私はビジネストレーニングを通して、失敗と拒否に対する恐怖を克服することを学んでいた。今こそ、トレーニングの成果を発揮する時だ！　私は部屋の隅に隠れて遠くから彼女をながめる――何年か前の私だったらまさにそうしていただろうが――のをやめて、勇気を奮い起こして彼女に近づき「やあ」と声をかけた。

キムは振り向き、あのすばらしい笑みを浮かべた。そして、私は恋に落ちた。まさに理想の女性だった。でも、デートに誘うとキムは「ノー」と言った。

以前のロバート・キヨサキだったら、すごすごと引き下がり負けを認めただろう。でも、私はビジネストレーニングによって鍛えられていた。再び勇気を奮い起こしデートに誘った。答えはまた「ノー」だった。自信は揺らぎ、男としての自尊心も傷ついた。でも、私は次の時も誘った。答えはまた「ノー」。

そんな状態が六カ月ほど続いた。いつも答えは「ノー」だった。私は自分の巣穴にもぐり、傷ついた自尊心をなめて癒した。胸が痛み、つらかった。もし、自信喪失を克服する方法を学んでいなかったら、六カ月も誘い続けることは決してできなかっただろう。でも、私はやり続けた。そして、とうとうある日、キムは「イエス」と答えた。その時から私たちはずっと一緒にいる。

今こんな話をしているのは、心温まる、ほのぼのとしたロバートとキムの恋物語を披露したかったからではない。ここにとても大事なことが含まれているからだ。この本で私が伝えたいと思っていることは、単にビジネスとお金に関することだけではない。私たちがここで話しているのはあなたの「人生」そのものだ。

どのようにしてお金を稼ぎ、どのようにして自分のキャリアを築くかは、運命をいかに切り開き、あとに何を残していくかということと同じだ。

（第十一章）

資産その3　夢と価値観を分かち合う友達の輪

こんなことを聞くと少し抵抗を感じる人がいるかもしれないが、もし自分の生活の中に今とは違うお金の流れを作り出したいと思ったら、新しい仕事を見つけるよりも、新しい友人を見つける必要があるかもしれない。なぜか？　それは、たとえあなたを愛しているとしても、そして、たとえ意図的にそうしているわけではないとしても、今付き合っている友人たちは、もしかするとあなたが先に進むのを押しとどめているかもしれないからだ。

人の収入は一番親しい五人の友人の平均に等しくなる傾向にある――あなたはそんな話を聞いたことがないだろうか？　あるいは、「類は友を呼ぶ」ということわざならきっと誰もが耳にしたことがあるだろう。これは金持ちにも、貧乏な人にも、中流の人にもあてはまる。言い換えれば、金持ちは金持ちとネットワークを築き、貧乏な人は貧乏な人と、中流の人は中流の人と付き合う。

金持ち父さんはよくこう言っていた。「金持ちになりたかったら、お金を持っている人、きみが金持ちになるのに手を貸すことができる人たちと付き合う必要がある」

多くの人が、お金の面で自分が先に進むのを引き止めるような人と付き合い、その中で友達のネットワークを築いて一生を過ごす。ネットワークマーケティングビジネスで付き合うのは、あなたがより金持ちになるのに手を貸すためにそこにいる人たちだ。こう自分に聞いてみてほしい――「今私が多くの時間をともに過ごしている人たちは、私を金持ちにすることを一番に考えてくれているだろうか、それとも、私が勤勉な従業員であり続けることにより多くの関心を持っているだろうか？」

私は十五歳の時にはすでに、自分が経済的に自由になりたいと思っていることを知っていた。そして、それを実現する方法の一つが、自分が経済的に自由になるのを助けてくれる人たちとつながりを持つ方法を学ぶことだということも知っていた。だから、私が金持ちのために働く忠実な従業員になることにではなく、金持ちになることに関心を持ってくれる人と友達になろうと決心した。

これは人生の大きな分かれ道だった。そう決心するのは簡単ではなかった。なぜなら、十五歳そこそこで、誰と一緒に時間を過ごすか、どの先生の話に耳を傾けるか、慎重に選ばなければならなかったからだ。もしあなたが自分のビジネスを築きたいと思っていたら、一緒に時間を過ごす人、教えを受ける先生としてどんな人を選ぶかよく考える必要がある。これはとても大事なことだ。

ゼロックスをやめる時、一番つらかったのは何人かの友人と別れなければならなかったことだ。当時の私の友人や家族はほとんどがEクワドラントの住人で、私とは異なる価値観を持っていた。つまり、彼らにとって大事なのは安全と安定した給料で、私にとって大事なのは自由と経済的独立だった。そのため、時にはつらい決断をしなければならなかった。でも、それは私が成長するために不可欠な決断だった。

ネットワークマーケティングを始めたあなたも同じような経験をするかもしれない。あなたがネットワークマーケティングをやってみようと決めた時、それを理解できなかったり、賛成してくれない友人や家族が出てくるかもしれない。それどころか、実際にあなたをとめようとする人まで出てくるかもしれない。頭がおかしくなったんじゃないか、いいカモになっているんじゃないか、大きな間違いを犯しているんじゃないか、などと言う友人もいるかもしれない。あるいは、友達を失うことさえあるかもしれない。ずいぶんひどい話に聞こえると思うので、こんなふうに書くのはためらわれるが、現実がそうなのだから仕方ない。

それから、よく覚えておいてほしいが、ここで話していることは、実際のところ、ネットワークマーケティングビジネスそのものとはまったく関係がない。今、あなたが経験しているのは人生の「地殻変動」だ。EやSのクワドラントからBのクワドラントへの大移動だ。これはただ仕事を変えるだけの話ではない。住む国を変える、信じる宗教を変える、あるいは属する政党を変えることにも匹敵する変化だ。

イギリスの詩人ジョン・ダンはこう書いている。「人は誰も孤島ではない／一人では完全ではない／誰もが大陸の一部／本土の一角」彼がこの詩を書いたのは、はるか昔一六二三年のことだが、人と人とのつながりが高度に発達した今の世界で、この言葉は千倍の真理を含んでいる。あなたは他人とは無関係に、孤立した状態で金持ちになるわけではない。あなたが到達できるのは、あなたが付き合う人、話す人、一緒に働く人、遊ぶ人、そういう人たちから成り立つコミュニティーと同じレベルまでだ。

ジョン：そのことは人生のどんな側面に関しても言えると思うが、特にネットワークマーケティングの場合、まさにその通りだ。なぜなら、ネットワークマーケティングビジネスを築くことは、自分のまわりに同じ価値観と実社会でのビジネススキルをともに学ぼうとする、まったく新しい友達からなる強力なコミュニティーを自分のまわりに作ることを意味するからだ。

これはまた、ネットワークマーケティングビジネスの大きな利点でもある。ここは、次の昇進をめぐって競争する相手に取り囲まれた環境ではなく、きみの成功をきみ自身と同じくらい強く願い、それを実現させるために努力しようとする人たちばかりの世界だ。なぜなら、彼ら自身の成功を確実なものにするには、きみの成功が必要だからだ。そういう人たちの中から、新たにいい友達ができても不思議はない。

実際のところ、直接販売協会によると、ネットワークマーケティング会社に参加し、続けて活動している人のうち多くが、自分が属する人的ネットワークの価値を収入より高く位置づけている。

つまりこういうことだ。ネットワークマーケティングはすばらしいビジネス教育の場を提供してくれるだけでなく、まったく新しい友達――あなたと同じ方向を目指し、同じコア・バリューを分かち合う友達――の世界も提供してくれる。

私にとって、ジョンが指摘しているような友情は、最高のビジネストレーニングとまったく同様に、お金には代えられない大きな価値を持っている。

今、私には四つのすべてのクワドラントに属する友人がいる。でも、ごく親しい友人、つまり本当に深く付き合い、彼らとの時間を私が一番大事に思っている友人はＢとＩクワドラントの友人だ。

ところで、ゼロックス社に勤めていた頃の友人はどうなったかというと、彼らは今もすばらしい友人だし、これからもずっとそうだ。なぜなら、彼らは私の人生の転換期を見守ってくれたのだから。でも、あの時は私にとって、これまでの殻を捨て、先に進む時期だった。もしあなたにとって今が先に進む時期だったら、そして、Ｂクワドラントがあなたの目指す先だとしたら、あなたもネットワークマーケティングビジネスに参加して新しい友人を見つけ始めるといいかもしれない。

第十二章
資産その４　あなた自身のネットワークの力

一九九〇年代にネットワークマーケティングのビジネスモデルについて真剣に調べ始めた時、まず私が強く興味を引かれたのは、このビジネスの名称としてネットワークという言葉が使われているという単純な事実だった。金持ち父さんがこの言葉をとても大事にしていたことを思い出したのだ。

トーマス・エジソンは金持ち父さんが尊敬するヒーローの一人だった。今の人はたいてい、エジソンといえば電球の発明者だと思うが、本当はそうではない。エジソンは電球を発明してはいない。彼は電球を改良し完全なものにした。もっと重要なのは、彼がそれをビジネスに変える方法を見つけ出したことだ。

学校を中退したエジソンは（教師たちは、エジソンには学校でいい成績をとるだけの知力がないと思っていた）汽車の中でお菓子や雑誌を売る仕事に就いた。それからまもなく自分で新聞を印刷し始め、一年後には何人かの少年を雇って、新聞と一緒にお菓子を売らせるようになった。つまり、従業員からビジネスオーナーになった。

そのうち、若きエジソンは新聞を売るだけではもの足りなくなり、電信技師の仕事に就くためにモールス信号の送受信を学んだ。まもなくエジソンは、その地域で一番腕のいい電信技師として知られるようになった。のちに彼を大金持ちにする「秘密」を学んだのはこの仕事を通してだった。電信技士のエジソンには、電信の発明がこれほどまで大きな成功につながったのは何のおかげか、よくわかった。それは電線と電信柱、技術者、そして中継局の存在だった。つまり、ネットワークの力だ。

エジソンは電球をいじってフィラメントを改良し、それを実用的なものにしたことで有名だが、本当の意味での彼の天才的偉業は、その電球を社会に浸透させるための電線を張り巡らせる会社を起こしたことだ。エジソンが起こしたこの会社はのちに彼を大金持ちにした。この会社がゼネラル・エレクトリックだ。

エジソンのビジネスにこれほど革命的な成功をもたらしたのは、電球自体ではない。電球に電力を供給するための電線と中継局からなるシステム、つまりネットワークだ。

金持ち父さんは私にこう言った。「世界で最も金持ちな人たちはネットワークを作る。そのほかの人たちは仕事を探す」かつての海運王や鉄道王から現代のサム・ウォルトン、ビル・ゲイツ、ジェフ・ベゾスにいたるまで、世界の巨富はネットワークを築く方法を見つけた人たちによって築かれた。サム・ウォルトンは大衆のための商品を製造したわけではない。商品を流通させるネットワークを築いた。ビル・ゲイツはコンピュータ自体を作ったわけではない。コンピュータ上で動くオペレーティング・システムを作った。ジェフ・ベゾスは出版業を始めたわけではない。書籍を流通させるインターネット上のオンライン書店、アマゾンを立ち上げた。

力は製品自体の中にあるのではない。力があるのはネットワークだ。金持ちになるための一番いい戦略は、強力で、持続性があり、どんどん成長するネットワークを構築する方法を見つけることだ。

もちろん、たいていの人はトーマス・エジソンやサム・ウォルトン、ビル・ゲイツのような人間ではないし、これからそうなることもないだろう。確かにどの世代にも、彼らのように何十億ドルもの価値のある新たなネットワークをゼロから構築する、飛び抜けて創造的な先駆者が何人かいる。でも、何万人もの人がそうなることを望むとなると、それは現実的な夢とは言えない。まして、何百万もの人となればなおさらだ。ネットワークマーケティングが特にすぐれている理由はここにある。ネットワークマーケティング業界を今支えている多くの会社は、世界に何百万人といるまさにあなたのような人々に対して、他人のネットワーク構築のために一生せっせと働くのではなく、自分のネットワークを築くチャンスを提供している。

■ **メトカーフの法則**

３ＣＯＭの創業者で、ネットワーク規格イーサネットの開発者の一人であるロバート・メトカーフは、ネットワークの価値に関する次のような等式を考え出したことでよく知られている。

$$V = N^2$$

これは、ネットワークの経済的価値は利用者の数の二乗に比例するということを表わしている。

メトカーフの法則をほかの言葉で言い換えると、利用者が増えればそのネットワークの価値は幾何級数的に増加するということだ。

電話の場合を考えてみよう。電話が一台だけだったら、そのたった一台の電話には本当の経済的価値はない。電話を持っているのがあなただけだったら、電話をかける相手がいないのだから。メトカーフの法則によると、そこにもう一台加わった瞬間、二台の電話のネットワークの経済的価値は利用者数の二乗になる。

つまり、価値はゼロから二の二乗の四になる。さらに三台目が加わると、その価値は九になる。言い換えれば、ネットワークの経済的価値は利用者の数の増加とともに、直線ではなく二次曲線を描いて上昇するということだ。

■ビジネス世界へのネットワークの進出

産業時代の典型的なビジネスモデルの機能のしかたは、かつての「帝国」とだいたい同じだった。帝国はどんなに大きく成長しようと、高度に中央集権的な本質を維持し続ける強力な中央政府に統治されていた。一九五〇年代に新しいタイプのビジネスが出現した。それは、それまでのように中心となる一つのオフィスがすべてをコントロールすることによって結合力を維持するのではなく、ネットワークモデルを使って全体をつなぐビジネスだ。この考え方はあまりに革新的だったので、多くの批判を受け、アメリカ議会では十一票差で非合法とされることをかろうじてまぬがれた。でも、このビジネスモデルは初期の困難な時期を乗り越えて生き延び、今ではアメリカの小売販売総額の三パーセント以上を占め、世界中で成長を続けている。とくに有名なブランドとしてはエース・ハードウェア、サブウェイなどがある。もちろん一番有名なのはマクドナルドだ。

この革新的なビジネスモデルがフランチャイズだ。

フランチャイズは一種のビジネスネットワークだ。複数のビジネスオーナーたちがネットワークの中で同じ設計図に従って働く。非常に実務的な意味では、彼らはすべて同じ価値観を共有していると言うことができるだろう。

でも、フランチャイズはビジネスの世界でネットワークが発展する過程の一段階に過ぎなかった。この次に何が起きたかジョンに話してもらおう。

ジョン：ロバートの言う通りだ。これは単に、コミッション（歩合）の支払い方の違いや、マーケティングの責任の移転というレベルの話ではない。まったく新しいビジネスの見方だ。中央集中型のマス広告を通して産業時代の経済を反映するのではなく、ネットワーキングを通して情報時代の経済を映し出した見方だ。

ネットワーク型ビジネスの発展過程で、フランチャイズの次のステップは一九六〇年代に始まり、七〇年代、八〇年代に本格的に成長を始めた。このビジネスモデルは、それまでのフランチャイズの場合のように販売権を与えられた「会社」のネットワークではなく、「個人」のネットワークをもとに作られた。ある意味、それは「個人的フランチャイズ」と呼ぶことができるかもしれない。

本来のフランチャイズビジネスモデルと同じように、この新しいタイプのビジネスも多くの批判にさらされた。でも、それにもめげず生き延び、成長を続けた。

このビジネスモデルがネットワークマーケティングと呼ばれるものだ。

ロバート：ところで、フランチャイズの場合は、実際のところ、フランチャイズ店のオーナーになった人はネットワークの一部にはなるが、ネットワーク自体を所有することはない、つまり所有するのは自分の店だけということだ。一方、ネットワークマーケティングの場合は……。

ジョン：ネットワークマーケティングへ参加した人はネットワークを築くだけでなく、そのネットワークを所有する。そして、ロバート、きみが言うように、そのことは大きな金銭的レバレッジにつながる。

言い換えると、ネットワークマーケティングのディストリビューターとして、あなたはメトカーフの法則の力を個人的に大いに利用するということだ。

いったいどうやって？　どこかのネットワークマーケティング会社に参加するだけではだめだ。それではあなたが一人だけ電話を持っているのと同じだ。メトカーフの法則の力を利用するには、自分と同じような人を見つけて自分の「複製」を作る、つまりパートナーを作ることでネットワークを大きくする必要がある。「あなた」が二人になれば、その瞬間にネットワークの経済的価値は四になる。三人になれば九だ。あなたが仲間にした二人が、それぞれ二人を新たに仲間にしたとすると、あなたのネットワークの経済的価値は、月に向けて飛び立つロケットのように飛躍的に上昇し始める。あなた自身は一人ずつ仲間を増やし、「直線的」な働き方をしているが、経済的価値のほうは二次曲線を描いて成長していく。

簡単な言葉で言うなら、メトカーフの法則はネットワークが「てこ」のような働きをするということだ。つまり、あなたの時間と努力にレバレッジを効かせてくれる。

古代ギリシャの技術者で、てこの原理の発見者と言われるアルキメデスはこう豪語したと伝えられている。「私に足場を与えてくれれば、地球を動かしてみせる」そして、事実上無限のてこの力を証明するために、ロープと複数の滑車を使って精巧なシステムを作り上げ、その巨大な回路網を停泊していたギリシャ軍の船

図④　人間のネットワークを通して広がっていく

隊に固定させた。準備がすべて整い、見物にやって来た群衆が静かに見守る中、アルキメデスは木製のレバーを握り締め力の限りに引っ張った。すると一船隊分の軍艦が水の中で動き始めた！

これがネットワークの力だ。

ロープの回路網を使って、アルキメデスは普通なら何千人もの漕ぎ手の力を集めてやっと成し遂げられる大仕事を一人でやり遂げた。この回路網の正体は何か？　それはネットワークだ。

噂が広まる力は驚異的だ。一人の人が三人に話し、その三人がそれぞれまた三人に話す。そして、いくらもしないうちに町中の人がそのことを知っている……。流行が広がっていくのもこの方式だ。これはまた、ネットワークマーケティングで一番大事な戦略でもある。つまり、人間のネットワークを通してあなたの努力の成果を複製していくのに、メトカーフの法則の力を利用する戦略だ（図④）。

ネットワークマーケティングは、今日世界でもっとも急速に成長しているビジネスモデルの一つだが、多くの人がまだそのことをわからないでいる。なぜだろう？　それはみんな、そこで売られている製品――家庭用品、健康用品、通信サービス、金融や法律に関するサービスなど――は見ているかもしれないが、実際は製品を売ることがこのビジネスの本質ではないことに気付いていないからだ。真のビジネスは製品ではない。その製品が流れていくネットワークだ。エジソンの電球ではなく電力網だ。

人がネットワークマーケティングの価値を今も理解できない理由の一つは、それが目に見えないからだ。その価値には実体がない。バーチャルだ。目に見える部分はほとんどないから、実際に目で見ることはできない。正真正銘の「情報時代のビジネスモデル」だ。その価値を理解するには、目を大きく開くだけではだめだ。心を開く必要がある。ここには、あなたをこのビジネスの世界に誘う黄金の門もなければ、魅惑的な緑の人魚姫もいない。ネットワークマーケティングは世界中で爆発的な成長を遂げているが、大衆にはまだその価値がわかっていないことが多い。

ゼネラル・モーターズ、ゼネラル・エレクトリックといったビジネスは産業時代のビジネスだ。マクドナルド、サブウェイ、ＵＰＳ、エース・ハードウェアなどといったフランチャイズは、産業時代から情報時代へと変化する過程をつなぐために出現した過渡的なビジネスだ。そして、ネットワークマーケティングビジネスこそが真の情報時代のビジネスだ。なぜなら、このビジネスが扱うのは土地や原料、工場、従業員といった実体のあるものではなく、純然たる情報だからだ。

ネットワークマーケティングに参加したら、製品をみんなに見せ、売ることが仕事だと思っている人もいるかもしれないが、それは違う。あなたの仕事は情報を伝えること、すばらしい話を聞かせ、ネットワークを築くことだ。

第十三章

資産その5　複製可能、拡張可能なビジネス

ネットワークマーケティングに関する決定的な事実で、あなたが聞いたら驚くかもしれない話がある。それは、このビジネスはセールスの才能がある人のためのビジネスではないということだ。少し前の章で、このことについてジョンに詳しく話してもらうつもりだと書いたが、ここでジョンに話してもらおうと思う。

ロバート：ジョン、ネットワークマーケティングで一番成功している人は、必ずしも生まれつきセールスが得意な人ではないという意見には賛成かい？

ジョン：全面的に賛成だ。それどころか、ぼくに言わせれば、ある意味ではその逆が正しい。つまり、生まれつきセールスの才能に恵まれている人にとって、ネットワークマーケティングで成功するためにまずやるべきことが、「セールスについて自分の知っていることをすべて忘れる」ことだという場合が多いんだ。

ぼくがこれまで見てきたところでは、ネットワークマーケティングで成功した人の多くは、スポーツクラブのコーチや母親、牧師、教師といった人たち、つまり話をすることや人を助けることが大好きな

人たちだ。ネットワークマーケティングで大事なのはしつこく売り込むことではなくて、情報と個人的な話を相手と分かち合うことだ。また、自分が仲間にした人たちが成功するように心を配ることも大事だ。

ところで、これはすごくいいことなんだ。なぜなら、そもそも生まれながらの営業マンなんていう人は二十人に一人しかいないからね。

セールスでの成功の秘訣は、きみ自身が「何をできるか」だ。

ネットワークマーケティングでの成功の秘訣は、きみが「何を複製できるか」だ。

ロバート：ぼくが、このビジネスで大事なのはセールスではないと言うと、懐疑的な反応が返ってくることがある。「そうだろうとも。でも、それは一種のこじつけじゃないか？　何かを売ると言おうと、情報を分かち合うと言おうと、意味はたいして変わらないんじゃないか？」というふうにね。

ジョン：いや、それは同じことではないし、こじつけでもない。普通のセールスとネットワークマーケティングを大きく分けるのは、この「複製」という要因だ。

ぼくが今のように言われたら、こんなふうに答えるよ。

「驚くべき特別な才能に恵まれた花形営業マンだったら、すばらしい販売業績はあげられるだろう。でも、そういう人がネットワークマーケティングでうまくいかない可能性はとても高い」

それはなぜか？　そういう人は製品をたくさん売ることはできるかもしれないが、その人が築いたネットワークに属する大部分の人たちには、それと同じことはできない、つまり複製することはできないからだ。それでは結局はそのネットワークは成長できなくて、早死にする。

ロバート： ゆりかごにいるうちに窒息させてしまうというわけだね。

ジョン： その通りだ。ぼくはそういう例をたくさん見てきた。才能と創造力に恵まれた人がネットワークマーケティングを始めて、この厚い壁にぶつかるのを何度も見ている。そういう人は成功への道が自分の独創性、才能、特別なスキルを最大限に発揮することだと思っている。でも、ここで大事なのはその人が「何ができるか」ではなくて、その人が何ができるか、そして次に、「ほかの人が何ができるか」が大事なんだ。

　ぼくはまた、個人の高いセールス能力に重きを置きすぎるという間違いを犯している会社の例も見てきた。ネットワークマーケティング会社が本当に力を入れなければいけないのは、他人に業績を上げさせるために、自分がしたことを複製する方法を教えることなのにね。複製能力がここでの成功の鍵だ。セールスパーソンとしてトップになれる能力ではない。このことを明確に示すことができないネットワークマーケティング会社は、自らを継続的に発展させ、成長の原動力——自分の複製を作っていく人たち——を強化する能力を失っていく。

ロバート： それはとてもおもしろい話だね。今きみは、ネットワークマーケティングに自分の独創性を発揮しようとする人の話をしたけれど、それがどういうことかわかるかい？　それは、ＢクワドラントではなくＳクワドラントの人の考え方だ。Ｓクワドラントに住んでいたら、ともかく優秀で、独創的、そしてユニークな人間にならなくちゃいけない。でもＢクワドラントでそうしたらどうなるか？　それは死の宣告と同じだ。

ヘンリー・フォードはフォード社という帝国を作り、世の中の経済の仕組みを一変させたが、彼は自分の会社で働く労働者の特別なスキルや才能をもとにビジネスモデルを築くことによって、それを成し遂げたわけではない。

確かにフォードは職人を雇って手造りの自動車を作らせることもできた。そうすれば、すばらしい車が作れただろう。そして、おそらく数百台は売ることができただろう。でも、彼はそうはしなかった。その代わりに、ごく普通の人が時間と労力をつぎ込めば作れるモデルを設計して、何百万台もの車を大量生産した。

つまり、フォードはＢクワドラントのど真ん中で暮らす人にふさわしい考え方をしたということだ。

ジョン：そんなふうに考えたことはなかったが、確かにまったくその通りだ。ネットワークマーケティングで成功したいと思ったら、まさにそういう考え方をする必要がある。

繰り返しになるが、ネットワークマーケティングビジネスに本当の力を与えるのは、その人が「何をできるか」ではなく、「何を複製できるか」だ。言い換えるなら、このビジネスに参加した人が目指すべきことは、ほぼ例外なく誰にでも簡単にコピーできるようなやり方でビジネスを築くことだ。それはなぜか？　なぜなら、自分がやったことをほかの人がコピーすることこそが、まさにその人が望むこと、必要としていることだからだ。それが実現してこそ成功が生まれる。

複製に関するこの話はまたあとで続けることにして、次に、章タイトルにある「拡張可能」という言葉について少し説明したい。

■無限の拡張性に役立つ情報ツール

「秘訣は複製だ」というジョンの言葉を言い換えるとこうなる。あなたのビジネスの強みは「拡張性」にある。拡張性のあるビジネスというのは、要するにどんな規模でも稼動可能なビジネスを意味する。

このことは、起業に際して成否を分ける最大の要因となる場合が多い。世の中には、規模が小さく、ビジネスの隅々まで自分で直接コントロールできる状態でならすばらしい成果をあげられるビジネスを起こす、自称「起業家」はいくらでもいる。でも、自分が直接参加しなくても、その小さいビジネスを何度も複製し、増殖させることができるビジネスモデルを設計する方法を理解している真の起業家はごく少ない。

「マクドナルド現象」を生み出したレイ・クロックのすばらしさの秘密はここにある。クロックは増殖した自分の店を運営させるのに、特に才能に恵まれ、高い専門技術を持ったレストラン経営者からなるエリート集団を探したりしなかった。

頭のいいネットワークマーケティング会社がしてきたのも、クロックとまったく同じことだ。人と話すことや商品を紹介すること、あるいは販売することに関して高い技術を持つ人だけを仲間に誘うのではなく、情報ツールという形で、プレゼンテーション（商品紹介）をシステム自体に組み込んだ設計をしてきた。ただし、ジョンが次に説明しているように、それは一夜にして作り上げられたものではない。

ジョン：ネットワークマーケティングの初期の時代には、参加者たちは大層苦労した。誰でもプレゼンテーションの方法を学ぶことができるのは確かだが、誰でもそれを効果的にできるかというと、そうはいかない。つまり、理論的には「誰でも」ネットワークマーケティングで成功できるはずだが、実際にはそうならないことが多かった。

はじめの頃は、確かにこのビジネスの成功は参加者本人のプレゼンテーション能力の高さに大きく依存していた。だから、いかにしてすばらしいプレゼンテーションをするか、その方法を学ぶことが肝心だった。でも、セールスの能力と同じように、プロとして通用する、洗練されたプレゼンテーションができる真の能力を身につけられる人はごくわずかだ。このことは、ビジネスの成長の可能性に大きな制限を加えていた。

ロバート：そこでプレゼンテーション用ツールが登場するというわけだね。

ジョン：そうだ。昔はみんな、パンフレットと販売冊子でプレゼンテーションしようとした。で、それはある程度は効果があった。普通の人は、確かに飛び抜けて優秀なプレゼンターにはなれなかったかもしれないが、顧客になりそうな人にパンフレットやカタログを見せて説明することはできた。でも、パンフレットや小冊子はどうしたって人を引き付ける力に欠ける。エネルギッシュなプレゼンターから直接聞くすばらしいプレゼンテーションほどには人の興味を引くことができない。

でも、その後、この数十年の間に、プレゼンテーションの世界に革命的な変化が起きた。デジタルテクノロジーの爆発的な発展が競技場のでこぼこを平らにしてくれたんだ。今では、CDとかDVD、オンライン・メディアといったデジタルツールのおかげで、誰でも、百パーセント人を引き付けられるダイナミックな生のプレゼンテーションを再現することが可能になった。

ロバート、きみがこの本のタイトルを『金持ち父さんの21世紀のビジネス』としたのは、とても興味深いことだと思う。なぜかというと、このビジネスモデルはもう何十年も前から世の中に存在するけれど、本当の意味で、それが持つ真の可能性をフルに発揮し始めたのは最近のことだからだ。そして、今ぼくらが話しているのは、なぜそうなったかという、まさにその理由そのものなんだ。

今、ネットワークビジネスを始める人は話術の名人になる必要はまったくない。実際のところ、そうなろうと努力することは逆効果になりかねない。なぜなら、セールスのスキルと同じで、不特定多数を対象とした話術は高度に専門化されたスキルだから、簡単には複製できないからだ。

話術とプレゼンテーションの達人になるために自分自身を鍛える代わりに、会社から与えられたビジネスツールを使って、自分の代わりにプレゼンテーションをさせればいいんだ。

それに、こういったビジネスツールは高価ではないから誰にでも手に入れられる。高価でない理由は、それを誰にでも手に入れられる値段に抑えることは、主宰会社にとっても利益になることだからだ。また、テクノロジーの発展のおかげで安価に作れるようになったこともその理由だ。

ローコストで高品質のCD、DVD、オンライン・プレゼンテーション――多くの場合、そこには高品質の音源や画像が含まれている――などのおかげで、あらゆる人に門戸が開かれ、完全な拡張性を持つ理想的なネットワークマーケティング展開が可能になった。これらのツールが、大勢の人が参加し、そこで成功することができるビジネスモデルを作り出したのだ。

これが何を意味しているか、あなたにはわかるだろうか？　これは、ネットワークマーケティングビジネスを築くことが、完全な拡張性を持つ資産を築くことと同じであることを意味している。「完全な拡張性」を簡単な言葉で言うと、ビジネスを好きなだけ大きくできるということだ。

でも、先に進む前に、ここでまた、わざと異議を唱える役をやらせてもらおうと思う。

ロバート：ジョン、「複製可能であることが大事だ」ということの話を聞いた時、疑い深い人たちがよくする質問を一つさせてもらうよ。「本当に一流セールスパーソンである必要がなくて、話し手としてもプレゼンターとしても優秀である必要がないとしたら、参加した人は何をするのか？　そもそも会社はなぜそんな人を必要とするのか？」

ジョン：その答えはきみが作るネットワークにある。このビジネスモデルがネットワークマーケティングと呼ばれている理由、そして、会社がきみを必要としている理由、そしてさらには、会社がきみにお金を払ってくれる理由がそこにある。

ネットワークマーケティングのディストリビューターとしてのきみの仕事の定義は、言ってみれば人と人とをつなげること、きみが気に入っている製品をほかの人に経験してもらうこと、持っている情報を見てもらうこと、そして、その後の経過をフォローアップすることだ。もしその人がネットワークビジネスに参加しようと決めたら、情熱と経験をその人と分かち合い、きみがこれまでに学んできたことをその人が学べるように手助けする。ここでもまたデジタルツールが、トレーニングのために必要な労力と熟練の多くの部分を肩代わりしてくれる。（図⑤）

きみの仕事は人間関係を作ること、会話をすること、可能性を探すこと、人と知り合いになること、そしてこのビジネスがどんなものかその人たちが理解する手助けをすることだ。

つまり、このビジネスには、ツールのほうがきみよりうまくこなせる部分がある。その一つがプレゼンテーションで、ある程度まではトレーニングもそうだ。一方、きみでなければできない部分もある。それが人間関係を築くことだ。

一番大事な考え方はこうだ――ネットワークマーケティングでは、あなたはメッセージ自体ではなく、それを伝えるメッセンジャーだ。

製品サンプルをぎゅう詰めにした重いカートを引きずって歩き回ったり、自分の家の居間に製品をずらりと並べてお店を開いたり、それぞれの製品の特徴やお金のやりとりに関する数字が並んだ長ったらしいリストを記憶したりしなければならなかった昔のやり方はもう必要ない。

でも、だからといって、スキルを身につける必要がないというわけではない。その必要は絶対にある。ネットワークマーケティングで成功するためには、前に「資産その1」のところで挙げたスキル——自信を持つ、拒否に耐える、人と意思の疎通を行う、話をうまく伝える、他人のことを気にかける、人を導く、などといった能力——を磨く必要がある。

これらは誰にでも手に入れることができるスキルだ。サッカーリーグやPTAのグループ、チェスの同好会などの設立の手助けをしたことがあったり、選挙運動や教会の活動に参加したり、子供たちの野球チームのコーチをしたり、音楽バンドを結成したことがあったら、あなたにはもう、ネットワークを作るというのがどういうことかわかっている。

あなたがしていることを複製させるのに、熟練したセールスパーソンを見つける必要はない。あなたに必要なのは、基礎的なビジネスとコミュニケーションスキルを学び、人間的に自分を成長させて、決断力のある起業家、チームの創立者になろうという積極的な気持ちを持つ人々だ。

図⑤　ディストリビューターの役割とは

セールスのスキルを本当に身につけている人はごく少ない。でも、ネットワークを作ったり、コーチを務めたり、チームを作ったりするスキルを身につけることは、ほとんど誰にでもできる。つまり、このビジネスは、あなたのまわりにいる何百万人ものごく普通の人たちを相手にできるビジネスだ。またこれは、このビジネスが簡単に複製が作れて、完全な拡張性を持ったビジネスであることを意味する。仲間を五人に増やし、次に五十人に増やした時にはもう、あなたは自分のビジネスを五百人、五千人、さらにもっと多くの人を抱えるビジネスに成長させるために必要なスキルを身につけている。

そこで必要となってくるのがリーダーシップだ。

第十四章　資産その6　高度なリーダーシップスキル

ネットワークマーケティングの世界について調べ始めた時、私はたくさんの会合やイベントに出席し、自分自身のすばらしさを発見するようにと、聴衆に熱く語りかける人々の話を何十回となく聞いた。

ゼロから始めて、最終的には自分が夢にも思わなかったほどの金持ちになったという彼らの体験談を聞いているうち、私はこのビジネスが、金持ち父さんが私にやるように勧めたこととまったく同じことを彼らにしているのだと気が付いた。つまり、このビジネスは単にビジネスの基礎を教えるだけでなく、リーダーを育てていたのだ。

そういった会合やイベントで紹介される話は、表面的にはお金に関する話が多いように聞こえたが、本当は、彼らは聴衆に向かい、自分の殻を破り、恐怖を克服して夢を追うことのすばらしさを語り、そうするように励ましていた。そして、そのためには、話す側にリーダーシップスキルが必要だった。なぜそれが必要かというと、夢、家族と過ごす時間、自由などといった使い古された言葉を繰り返すことは誰にでもできるが、それらの言葉に従って他人に行動を起こさせるだけの信頼とインスピレーションを与えられる人はまれだからだ。

これは適切な言葉をきちんと記憶して繰り返すことができるかどうかの問題ではない。相手の魂に直接語りかける能力を発揮できるかどうかの問題だ。これは言葉を超えた能力だ。これこそが真のリーダーシップだ。

この話を聞いてあなたは今、リーダーシップスキルは「資産その1」の実社会のビジネス教育、あるいは「資産その2」の人間的成長に含まれるのではないかと思っているかもしれない。そう思うのも無理はない。どちらもそれなりの理由がある。でも本当のところ、人を指導する能力はとても大事で、またとても強力であると同時に、それを身につけた人を見つけるのはなかなかむずかしいスキルなので、それだけで一つの「資産」として一章をあてるに値する。

このほかのどのビジネススキルもとても大切な「材料」だ。リーダーシップはそれらすべてを一つにまとめる力だ。リーダーシップこそが偉大なビジネスを築く。

魂に直接語りかける

一九五〇年代から六〇年代にかけて育った私にとって、ジョン・F・ケネディはスピーチを聞いたことのある人の中で最もすばらしい話し手の一人だった。一九六一年五月にケネディが国民に向かい、アメリカは十年以内に月に人類を送ると言った時、いったいどうしたらそのようなことができるのか、アメリカの科学者たちにはまだまったくわかっていなかった。それは野望をはるかに超えていた。無謀そのものだった。それでも私たちはやり遂げた。ケネディはその演説のあと三年経たないうちに、十年の期限の四分の三を残して暗殺されたが、彼のリーダーシップは人を動かさずにはおかないほど強力だったので、そのビジョンは彼の死後も消えることがなかった。暗殺やベトナムでの失敗、暴動と分裂によって揺らぐ国家、そして一九六八年にはケネディの副大統領で彼の暗殺後大統領に就任したジョンソンから、宿敵リチャード・ニクソンへと大統領の座が移ったにもかかわらず、私たちはやり遂げた！

一九六九年、アメリカは人類を月に立たせた。ケネディの言葉通り十年以内だった。

これがリーダーシップだ。人々と分かち合うビジョンの力だけで物事を実現する、その力だ。真のリーダーは山を動かせる。

ベトナムで私は、偉大なるリーダーとは大声で叫んだりわめいたり、肉体的に脅しを加えたりする荒々しい人間ではないことを発見した。戦争の真っ只中で私は、真に偉大な、勇敢なリーダーとは、多くの場合、静かで、それでいて口を開いた時には、私たちの魂と精神に語りかけてくる人だということに気が付いた。

偉大なるリーダーはみんな、聞いている人がその目で見ることができるほど活き活きと語ることができる。イエス・キリスト、仏陀、マザー・テレサ、ガンジー、マホメットを思い出してみるといい。彼らはみんな偉大なるリーダーだった。そのことは、彼らが偉大なる語り手だったことを意味する。

お金は、一番いい製品、あるいは一番いいサービスを提供している会社に集まるわけではない。最高のリーダーがいるところに流れ込む。自身の「物語」を語ることを忘れたビジネスは、たとえどんなにたくさんの在庫があろうと、早晩、廃業する。金銭的に苦労しているビジネスを見てみると、そのビジネスを引っ張っているリーダーが会社のビジョンを伝えられないでいる場合が多い。物語を語ることができないのだ。頭はすごくいいかもしれないが、コミュニケーションの能力が欠けている。

Ｂクワドラントのビジネスを築くためにあなたに必要なリーダーシップのスキルは、ＥやＳのクワドラントで多くの場合必要とされる経営のスキルとは大きく異なる。誤解しないでほしい。経営のスキルはとても大事だ。でも、リーダーシップのスキルと経営のスキルの間には大きな違いがあると言いたいのだ。会社の経営に携わる人たちは必ずしもリーダーではないし、リーダーは必ずしも経営者ではない。

私は、ビジネスを広げたいと思っているが、ある一つの理由からそうできないでいるSクワドラントの人、つまり専門技術を持つ自営業者やスモールビジネスのオーナーによく出会う。その理由とは、リーダーシップの欠如だ。だから誰も彼らについてこない。従業員は彼らを信頼していないし、彼らの話を聞いて、やる気を起こすこともない。私はまた、会社の昇進の梯子を登りつめたいのに、他人とコミュニケーションをとることができないためにそうできないでいるEクワドラントの人たちにもよく出会う。また、この世の中には、ただ自分がどんなにいい人間か、他人に伝えることができないというそれだけの理由で、理想の女性あるいは男性を見つけられないでいるように見える孤独な人々がたくさんいる。

コミュニケーションは人生のあらゆる側面に影響を与える。ネットワークマーケティングが教えるスキルのうち、一番重要なスキルがこのコミュニケーション能力だ。

ネットワークマーケティングのリーダーたちは、自分自身を評して「高給取りの物語の語り手《ストーリーテラー》」と言うことがある。実際のところ、彼らは「最も給料の高い」ストーリーテラーたちだ。その理由は簡単だ。彼らは「最高の」ストーリーテラーたちだからだ。

私はネットワークマーケティングビジネスのトレーニングに参加するようになってから、ゼロから始めて実社会で大きな成功を達成しているビジネスオーナーたちと会うようになったが、その多くはすばらしい「教師」だった。なぜかというと、彼らは理論ではなく、自分の経験に基づいて教えていたからだ。また、聴衆としてたくさんのビジネスセミナーにも参加したが、実社会のビジネスの荒波を越えて生き延びるために必要なさまざまなことについて、率直に語る彼らの話に同感して大きくうなずいている自分に気が付くことがよくあった。

そのようなセミナーのあとにインストラクターと話をすることもよくあった。そして、彼らが儲けたお金の額の大きさ――ビジネスからだけではなく、投資からの儲けも含めて――に驚かされた。中には「アメリカ株式会社」のトップCEOをはるかにしのぐお金を稼いでいる人もいた。

金銭的成功にも驚かされたが、インストラクターたちには、それ以上に私を感銘させる何かがあった。つまり、彼らは金持ちで、このようなイベントでリーダー役をする必要はもうまったくなかったにもかかわらず、同胞たる人類を教え導き助けることに対して情熱を持っていた！

私はネットワークマーケティングビジネスが、人々を上へ引っ張り上げようとするリーダーを土台として築き上げられていることに気付き始めた。一方、伝統的な企業や政府機関は、ごく少数の人のみを昇進させ、大部分の従業員を、安定した給料だけに満足させておくことを前提に成り立っている。私が話を聞いたネットワークマーケティングの世界のインストラクターたちは、「業績が悪かったら仕事を失いますよ」などと言ってはいなかった。その代わり、「あなたの業績がどんどん上がるよう、私にお手伝いさせてください。あなたが学びたいと思っている限り、私はここにいて教えてあげます。私たちは同じチームの仲間なのですから」と言っていた。

■特別なリーダーシップ

すぐれたリーダーになれる資質を持っている人はたくさんいるが、その資質が永遠に発揮されないことが多い。チャンスがないのだ。金持ち父さんにはそのことがわかっていた。金持ち父さんが私に、海兵隊に進み、次にベトナムへ行くように勧めた理由の一つは、それによってリーダーシップを伸ばすことができると知っていたからだ。

でも、だからと言って、あなたの中に隠れているリーダーシップを開花させるために海兵隊に入隊する必要はない。同じチャンスをネットワークマーケティングを通して得ることができる。ネットワークマーケティングのリーダーシップ・プログラムの一番いいところは、あなたのリーダーシップを伸ばしてくれるだけでなく、ある特別なリーダーシップを引き出してくれることだ。

軍隊で鍛えられるリーダーシップは、自分の国を守る気持ちを人々に起こさせるためのリーダーシップだ。普通のビジネスの世界は競争に打ち勝つためのチームを作るリーダーを育てる。一方、ネットワークマーケティングが育てるリーダーは、すぐれた教師となって、生徒が自分自身の夢を追い、それを実現するように導くことで生徒に影響を与えるリーダーだ。

ネットワークマーケティングのリーダーたちが教えるのは、敵をやっつけたり競争相手を叩いたりすることではない。彼らはこの世界が用意してくれている豊かな金銭的恵みを、他人を傷つけることなく見つけ出すことを教え、人々にやる気を起こさせる。

リーダーとしての能力を伸ばすチャンスが与えられることは、ネットワークマーケティングビジネスならではの利点だ。確かにリーダーシップを学ぶことができる場はほかにもある。軍隊や政府、会社など、生活のさまざまな分野でリーダーが作られる。でも、その数は多くない。真のリーダーシップは見つけるのがとてもむずかしい――ネットワークマーケティング以外の分野では。

その理由についてジョンが面白い見解を持っているので、それを聞こう。

ジョン：ネットワークマーケティングがほかのビジネスモデルと違って独特なのは、広い範囲をカバーする報酬システムを、自発的に働いている人だけからなる人的ネットワーク全体に適用している点だ。ネットワークマーケティングのディストリビューターで、タイムレコーダーで出勤時間を記録する人はいないし、そもそも出勤しなければいけない人もいない。独立した販売代理人である彼らは、人から雇われてもいないし、首になることもない。みんな自発的に働いている。何かやれときみに言える人はいない。誰もきみに命令はできないんだ。

では、なぜこれが効果的に機能するのだろうか？　この機械を動かしているエンジンは何か？　その答えは一言に尽きる。リーダーシップだ。

ネットワークマーケティングを通してあなたが培うリーダーシップは、生活のほかのさまざまな分野でも大いに発揮されることだろう。

■リーダーシップの四つの要素

従来型の学校はあなたを優秀な従業員にするための教育をする。学校が焦点を合わせているのは唯一、頭脳的能力だけだ。数式を解くことができてテストでいい成績がとれれば、あなたには会社の経営ができるだけの知力があるとみなされる。

これはまったくばかげた話だ。

私が今日、起業家として成功しているのは、海兵隊で受けた訓練のおかげだ。軍隊式の学校は頭脳的能力にばかり焦点を合わせるのではなく、感情的、身体的、精神的能力にも焦点を合わせることにより、あなたをすぐれたリーダーに育てる。そして、極限的なプレッシャーがかかる状態でどのように機能したらいいか、あなたに教えてくれる。

私はベトナムでヘリコプターを飛ばすだけの技術は持っていた。でも、精神的な面で成長をしていなかったら、無事に帰ってくることはできなかっただろう。精神的に強くなかったら、恐怖に襲われて（感情的弱さ）軍用ヘリコプターの操縦席で固まってしまった（身体的弱さ）に違いない。私が使命を果たし、無事に帰ってこられたのは、頭脳、感情、身体、精神という四つの要素をバランスよく働かせたおかげだ。

ベトナムでの経験はまた、ビジネスの世界ですぐれたリーダーになるために必要な知識と理解力を私に備えさせてくれた。なぜなら、この四つの要素は、ビジネスで成功するために必要なリーダーシップに含まれる四つの要素と同じだからだ。つまり、リーダーシップにおいても頭脳、精神、身体、感情の四つの要素が大事だ（図6）。

自分の中のこの四つの面をコントロールできなかったら、あなたは失敗する。また、あなたのために働いてくれている人たちが自分の中にこの四つの要素を育てるのを手助けしてあげられなかったら、そして、そうすることを通して彼ら自身が有能なリーダーになるのを手助けしてあげられなかったら、あなたは失敗する。ごく単純な話だ。

軍隊式の学校があなたに教えてくれることがもう一つある。それは、前線に立つということは、自分が好かれているか嫌われているかなど気に留めないことを意味するということだ。もちろん、誰でも好かれたいと思っている。でも、偉大なリーダーになるためには、限界を定め、自分のもとで働く人たちの行動を監視し、必要ならばそれを正さなければいけない。時には彼らを叱らなければならないこともあるだろう。そういう時は必ず来る。それを避けることはできない。でも、あなたが偉大なリーダーになれば次のようなことも必ず起こる。つまり、あなたが作るチームは、可能な限り最高のチーム――あなたが何を期待しているか、またあなたがどこまで容認してくれるかを理解してくれるようなチーム――になる。

図⑥
リーダーシップにとって
重要な四つの要素

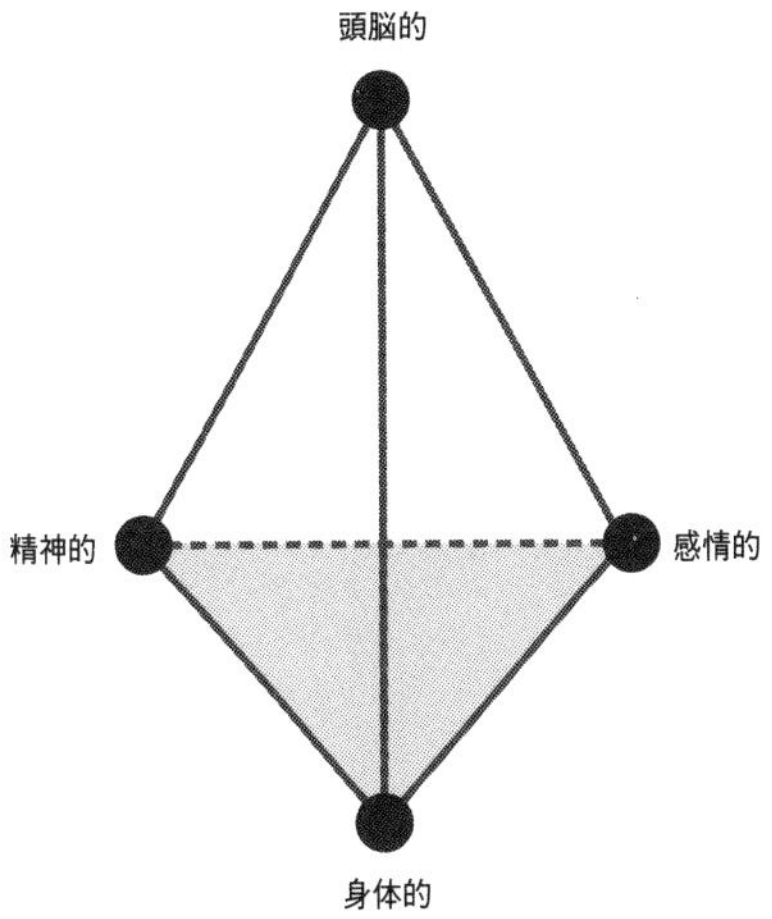

第十五章

資産その7　真の富を形成するメカニズム

アメリカの独立宣言の三人の草案者のうちの二人、ジョン・アダムズとトーマス・ジェファーソンは、人間的な違いを越えて、生涯を通じて深い友情で結ばれていたが、その違いはかなり大きかった。気質的には正反対と言っていいほどで、ある時期には、多くの争点に関して真っ向から対立する政敵でもあった。アメリカ第二代、第三代大統領となったこの二人は何年もたがいに口をきかなかったが、後年、和解して、その後長く二人の間で取り交わされた手紙はアメリカ文学の宝の一つとなっている。

二人は同じ日に亡くなった。ベンジャミン・フランクリンと三人で草案を作った独立宣言への署名の日からちょうど五十年目、一八二六年七月四日のことだった。

この二人について、もう一つ興味深い事実がある。それは二人のお金との関係だ。

ジェファーソンはヴァージニア植民地の典型的な封建地主で、何千エーカーもの土地を所有していた。一方、かなり貧しい家庭の出だったアダムズはマサチューセッツの法廷弁護士だったが、長い生涯、金銭的に恵まれることは一度もなかった。でも、それにもかかわらず、二人が亡くなった日、アダムズはおよそ十万ドルの財産を残し、一方ジェファーソンはおよそ十万ドルの借金を残した。

ジェファーソンはお金と土地を持っていた。でも、それは彼の指の間からこぼれ落ちていった。アダムズは生涯、多額の「お金」を手にすることはなかったが、生活は質素でも、富を築く方法をしっかり身につけていた。

私が本書を書いている大きな理由の一つは、「お金」と「富」との重大な違いについて読者のみなさんにしっかり理解してもらいたいと思ったからだ。宝くじに当たって何百万ドルも手にした人たちが、たいてい三年以内に一文無しになってしまうのはなぜだろう？　なぜなら、そういう人たちはたなぼた式で「お金」は手にしたが、「富」の概念がまったくなかったからだ。

富はお金と同じではない。富は収入の大きさで測るものではない。時間で測るものだ。もし私の財産が銀行口座の残高の合計千ドルだけで、一日の生活費が百ドルだとしたら、私の富の大きさは「十日」になる。富の大きさはこれから先、何日間生き延びることができるかで決まる。あなたも自分に聞いてみてほしい。「今日、私が働くのをやめたら、金銭的にどれだけ生き延びられるだろうか？」その答えが今のあなたの富の大きさだ。

この定義をもっと深く突き詰めてみるとこうなる。富は「現時点のあなたの人生経験の豊かさと、その経験のレベルで生活し続けることができる将来の日数を合わせたもの」によって測定される。

金持ちがどんどん金持ちになる理由の一つは、彼らが異なる種類のお金のために働いているからだ。金持ちは「収入を生み出すため」に働くのではなく、「富を築くため」に働く。この二つの間には大きな違いがある。

ネットワークマーケティングビジネスの価値のうち、最も大きい価値の一つは――これは同時に、このビジネスに目を向けた人の大部分がきちんと把握できない価値でもある――個人の富の形成の原動力となることだ。

■経済的自由を獲得するための簡単な四段階方式

キムと私は仕事も政府からの援助もなく、株式や投資信託の運用もせずに、若くして引退することができた。なぜ株式や投資信託の運用をしなかったのか？　それは、それらがリスクの高い投資だと私たちが思っていたからだ。私の考えを言わせてもらうなら、投資信託はあらゆる投資の中でも最もリスクの高いものの一つだ。

キムと私は若くして豊かに引退するために、四つの段階からなる簡単な方式を使った。ゼロから始めて、株式も投資信託もまったく持たずに、経済的に自由になって引退するまでにかかったのは、一九八五年から一九九四年までの九年間だ。その方式とは次のようなものだ。

①ビジネスを築く
②自分のビジネスに再投資する
③不動産に投資する
④贅沢品は資産に買わせる

次に、この方式がどのような仕組みで働くか見てみよう。

①ビジネスを築く

ビジネスはあなたがたくさんのお金を作り出すことを可能にしてくれる。その上、アメリカの税法はBクワドラントで収入を得る人にとても好意的で、Eクワドラントでお金を稼ぐ人に罰を与えるようにできている。

ビジネスは子供のようなものだ。成長に時間がかかる。子供を育てるより時間がかからない場合もあるが、それ以上にかかることももちろんある。一般に一つのビジネスを軌道に乗せるまでには約五年かかる。

②自分のビジネスに再投資する

このプロセスの鍵は、生活費をまかなう収入源としてビジネスを使わないようにする点にある。ネットワークマーケティングに初めて参加した人はよくここで間違える。新しいビジネスから収入が流れ込むのが見え始めると、その新しい収入を生活費を増やすことに使ってしまう。つまり、二台目の車を買ったり、今より大きな家を買ったり、豪勢な休暇旅行に出かけたりする。

なぜそんなことをするのか？　それはそういう人がばかだからではない。私は、とても頭がよく知識も情報も持っている人たちがこのパターンに陥ったケースをいくつも見てきている。彼らがそうなってしまう理由はただ一つ、依然としてEクワドラントで生きているから、そこで呼吸し、そこにふさわしい考え方をしているからだ。真の富を築きたいと思ったら、キャッシュフロー・クワドラントの左側から自分の頭を引き抜いて、右側のBやIのクワドラントの人間のような考え方をし始めないといけない。

当面は昼間の仕事は続けよう。目的はあなたの仕事に取って代わるビジネスを持つことではない。それではただビジネスを新しい仕事にするだけのことだ。それでは決して富は築けない。そうする代わりに、新しく作ったビジネスがいくらか収入をもたらし始めたら、すぐに第二段階に移ろう。ビジネスをさらに成長させるために再投資するのだ。

「でも、昼間の仕事は続けたくない。もうあそこで働くのはたくさんだ！　それが最大の目的じゃなかったのか？　従業員として働くのはやめたいんだ！」

もっともな話だ。あなたはEクワドラントから抜け出して、今の仕事をやめたい。もしかすると、その仕事が大嫌いなのかもしれない。あるいは私が出会ったことのある、専門技術を持つたくさんの自営業者のように、仕事は好きだが一週間に四十時間、五十時間、あるいは六十時間それを「やり続けなければいけない」という状況が気に入らないのかもしれない。でも、あなたにどんな理由があろうと、厳然たる事実は変わらない。

つまり、新しいビジネスからの収入を全部毎月の生活費に使ってしまったら、あなたはビジネスを築いていることにはならない。ただ、別の「仕事」を自分で作っているにすぎない。

真のビジネスオーナーはビジネスを築くのに投資をすること、再投資をすることを決してやめない。どんなビジネスにおいても、大きな富を築くことができない人がこれほどたくさんいるのは、彼らがビジネスに再投資をしないという、ただそれだけの理由からだ。

では、ネットワークマーケティングビジネスではこの点はどうなっているのだろう？

ジョン：従来型のビジネスで再投資というと、新しい倉庫を建てたり、全国的な広告にお金を使ったり、新しい製品ラインを開発したり、新しい流通ルートを買ったりといったことになるだろう。でも、ネットワークマーケティングの場合はそのような経費はかからない。そういったものに対する投資は、ネットワークマーケティングの主宰会社がきみに代わってしてくれる。

では、きみは自分のビジネスのどこに再投資するのか？　そこにはきみが自分のお金を賢く投資できる場所が確かにある。たとえば、自分自身のためのトレーニングや教育、ほかの都市にまで広がったネットワークをサポートするための旅行、ビジネスがさらに大きくなるのを手助けするプロモーション用のツールや教育ツール、情報や知識などの獲得といったことだ。

でも概して言えば、ネットワークマーケティングは一番の資本投資がお金ではなく、きみの時間と労力であるような種類のビジネスだ。

つまりこういうことだ――ネットワークマーケティングからの収入の多くが、富の形成という大事なプロセスのエネルギー源として利用可能になる。でも、注意してほしい。私は今「富の形成」と言ったのであって、「富の浪費」とは言っていない！

私が見てきたような間違いはしないでほしい。つまり、ネットワークが広がりコミッションが増えたからといって、それをすべて、今より大きな車、大きな家、贅沢なライフスタイルのために費やしてしまうという間違いは犯さないでほしい。新しいビジネスからの収入を前より大きくなった地面の穴に注ぎ込むようなことはしないようにしよう。

努力して手に入れた収入はそれにふさわしい敬意をもって扱おう――投資しよう！

③不動産に投資する

次に、ビジネスが順調に成長してきたら、余分な収入を使って不動産を買い始めよう。先を読むとわかるが、このプランには投資信託や株式ポートフォリオといった「紙の資産」は含まれていない。その理由は、紙の資産は築くのが一番簡単な資産ではあるが（ただ買いさえすればいいのだから）、株式や投資信託の取引はリスクが大きく、そこから得られた利益はキャピタルゲインとして課税され、リスクを少なくして投資するには高度なファイナンシャル教育が必要だからだ。

私のプランのこの段階で大事なのは、新たに生まれた余分なお金を、収入を生む資産を築くために使うことだ。収入を生む資産にはいろいろな種類のものがあるが、私が一番よく勧めるのは不動産だ。その主な理由は次の二つだ。

一つ目の理由は、税法が不動産に投資するビジネスオーナーの得になるように作られていることだ。

二つ目の理由は、銀行が、あなたが不動産を買うためのお金を貸したがることだ。あなたと取引のある銀行に出かけて、投資信託あるいは株式を買いたいから六・五パーセントの利率でお金を貸してくれと申し込んでみるといい。大笑いされて銀行から追い出されるのがおちだ。

私はよくこう聞かれる。「家賃を支払うお金を稼ぐのがやっとなのに、不動産なんていったいどうしたら買えるのか?」いい質問だ。確かに買えない――余分なお金を手にするまでは。この第三段階が、ビジネスを築き、その継続的成長のために再投資を始めたあと、つまり余分なお金を手に入れたあとに来ているのはそのためだ。

でも、ちょっと待ってほしい。ここで、「不動産に投資する」と私が言う意味を説明させてほしい。なぜなら、不動産がどのようにして資産として機能するか、多くの人が完全に誤解しているからだ。たいていの人は不動産投資と聞くと、物件を買い、それを買った時の値段より高い値段で売る（急いで手入れをしてすぐに売る、あるいは少し待ってから売る）ことを思い浮かべる。これは間違いだ。これではただ、生きた牛を買って、あとで食肉用に売るのと同じだ。あなたに必要なのは、牛を買って、それからずっとミルクを搾って売れるように飼い続けることだ。

不動産を買う目的は売ることではない。収入を生む資産を築くことだ。

このやり方を学ぶには時間と教育と経験とお金が必要だ。どんなことでも新しいことを学ぶ時は同じだが、間違いを犯さずに学ぶのはむずかしい。そして、不動産の場合（特に不動産経営の場合）は、その間違いがとても高くつく場合がある。安定した余分な収入と、Ｂクワドラントのビジネスに対する税法上の優遇措置を利用しない限り、リスクが大きすぎるし時間がかかりすぎる。

多くの人が不動産で金持ちになれない理由は、充分なお金を持っていないことだ。実際のところ、一般的に言って、条件のいい最高のお買得物件は値段が高い。お金をあまり持っていない人にまわってくる取引は、たっぷり資金を持っている人たちが相手にしなかった残り物の取引であることが多い。これほど多くの人が「頭金ゼロ」の投資を探している理由は、頭金として支払うお金がないからだ。本当に経験豊富で、必要な時に使えるだけのあり余るお金を持っていない限り、頭金ゼロの投資は人生で最も高くつく投資になりかねない。

④贅沢品は資産に買わせる

キムと私は金銭的に余裕ができてからも、何年もの間ずっと、ローン返済が月四百ドルほどの小さな家に住み続け、ごく普通の車を運転していた。その間、私たちは自分たちが生み出した余分なお金をすべて、ビジネスを立ち上げることと不動産に投資することに費やした。

今、私たちは大きな家に住み、二人合わせると六台の贅沢な車を持っている。でも、この家や車を買ったのは私たち自身ではない。資産が買ってくれた。私たちは資産に買ってもらったものを楽しんでいるだけだ。

今「贅沢な」と書いたが、それはとても豪華なもの、人に見せびらかすようなものを必ずしも意味しない。自分がほしくて、それを楽しめるもの、そして、自分に「必要なもの」の範囲を超えているものという意味で私はこの言葉を使っている。

例を挙げよう。あなたの知り合いの中で、生活費を得るために仕事をしてはいるが、その仕事がまったく好きではないという人を思い出してほしい。もしその人に、「おい、仕事がきらいなら、さっさとやめればいいじゃないか」と言ったら、どんな答えが返ってくるだろう？

「そうしたいのはやまやまだ。でもそんな贅沢は私には許されない」

その通り。多くの人にとっては、仕事を持たないことが一番最初に手に入れたい「贅沢」の一つだ。その贅沢を手に入れるにはどうしたらいいだろう？　ほかの贅沢を手に入れる時と同じだ。自分のビジネスか不動産、あるいはその両方に買ってもらえばいい。それを可能にするには、贅沢品を買えるレベルまで、それらの資産を大きくしなければいけない。

これで仕組みがわかっただろうか？

あなたは収入を使って贅沢品を買ったりしない。資産——ビジネスと不動産投資——を築くために収入を使い、次に、その資産が充分成長したら、それに贅沢品を買ってもらう。

ここで、この話は次の「夢」の話に続く。

（第十六章）

資産その8　大きな夢と、それを実現させる能力

ネットワークマーケティング会社に関して特にすばらしいことの一つは、参加者自身が夢を追うことの大切さを強調していることだ。今私が夢を「持つこと」と言ったのではないことに注意してほしい。ネットワークマーケティング主宰会社は、ただあなたに夢を「持ってほしい」と思っているわけではない。彼らはあなたにその夢を「実現してほしい」と思っている。

さらに、彼らは「大きな」夢を見るようにあなたを励ます。ネットワークマーケティングについて調べ始めた時、私に起こったことの中で特に新鮮に感じられたのは、すでに持っていた夢よりもさらに大きな夢を持ち始めている自分に気が付いたことだ。

従来型のビジネスはたいていの場合、あなたが大きな夢を持つことにあまり興味がない。会社はあなたが控えめな夢――短い夏休み、社員用の小さな休暇施設、個人的な趣味、日曜日の午後の、のんびりしたゴルフの一ラウンドなど――を持っていたほうがうまく機能する。

今挙げたような小さな夢を持つのが悪いと言っているわけではない。私が言いたいのは、ただそれでは小さい人生になってしまうということだ。

子供の頃私は、両親が「それを買う余裕はない」と言うのをよく耳にした。でも、金持ち父さんは自分の

息子と私に、そう言うことを禁じ、その代わり「どうしたらそれを買えるか？」と自問するように何度も言った。

この二つの言葉の間にはあまり違いがないように思えるかもしれないが、そこから生まれる結果はまったく違う。考え方をほんの少し変えて、経験と理解、そして一世一代の決心とでそれを強化すれば、変えなかったらとても到達できなかったような、はるか遠くまで行けるようになるだろう。

「どうしたらそれを買えるか？」と自問する癖をつけることは、常により大きな夢を見るように自分を訓練することを意味する。また、それと同時に、夢を見るだけではなく、自分にはそれが実現できると信じるように訓練していることも意味する。一方、「それを買う余裕はない」と言ってしまうのは、ろうそくの炎の上に濡れたタオルをかけるようなもので、夢を吹き消しているのと同じだ。世の中にはあなたの夢をつぶそうと、手ぐすねを引いて待っている人がほかにいくらでもいる。あなた自身がその仲間になって、そんなことを言う必要はない！　念のために言っておくが、あなたのまわりのそういう人たちもおそらく悪気があるわけではない。でも、親切で言っていようが悪気があろうが、彼らの言葉はあなたにとってきわめて有害だ。


「そんなことときみにはできない」

「リスクが大きすぎる。それをやろうとして失敗した人がどれだけいるかわかっているのか？」

「ばかなことを言うな。いったいどこでそんなアイディアを仕入れてきたんだ？」

「それがそんなにいいアイディアだったら、もうほかの誰かがやっているはずじゃないか？」

「ああ、それはずっと前にやってみた。なぜうまくいかなかったか話してあげよう」

今挙げたのが「夢殺し」の言葉だ。私はこういうことを言う人に共通する、興味深い点を発見した。つまり、ほとんど例外なく、彼らは自分自身が夢をすでにあきらめてしまった人だ。

一文無しだった時、キムと私は、百万ドル儲けたら大きな家を買おうと二人でよく話をしていた。そして、実際にそうした。家はとても気に入った。でも、私たちにとって大事だったのは家自体ではなかった。それに、その家を買えるほどの余裕ができたことも大事ではなかった。私たちにとって大事だったのは、そのプロセスの中で自分たちがどんな人間になったかだった。

大事なのは、大きな家を買えるようになるために自分の力を伸ばす努力をし、学び、最善を尽くすこと、そしてそのプロセスの中で新しい自分に生まれ変わることだ。

金持ち父さんは私にこう言った。「小さな夢を見る人は小さな人間として人生を生き続ける」

人は誰でも夢を持っている。でも、みんな同じ夢を持っているわけではない。金持ち父さんは、夢を見る人には五つの種類があると教えてくれた。

・過去の夢にひたっている人
・小さな夢しか見ない人
・夢を実現したあと、退屈な人生を送る人
・大きな夢を持っているが、それを実現するための計画がなくて結局何も得られない人
・大きな夢を見て、それを実現し、さらに大きな夢を見る人!

■過去の夢にひたっている人

このタイプに属するのは、自分の人生で最高の時はすでに終わっていると信じている人たちだ。こういう人たちは大学時代や軍隊時代の話、ハイスクールのフットボールで活躍していた頃の話、生まれ育った農園での生活の話など、昔話であなたを大いに楽しませてはくれるだろうが、あなたが将来について話をしようとすると、おそらく、ただ頭を振ってこんなふうに言う。「ああ、世の中はもうお先真っ暗さ」

過去の夢にひたっている人は、もう人生が終わっている人だ。死んではいないかもしれないが、もう本当には生きていない。そして、彼らが生き返る唯一の方法が、過去の夢を掘り返すことなのだ。

■小さな夢しか見ない人

世の中には、小さな夢だけを見るように自分に制限を加えている人がいる。なぜなら、彼らにとってはそれが、自分に夢が実現できると確信できる唯一の方法だからだ。皮肉なのは、そういう人は自分の小さな夢が実現可能だとわかっていながら、多くの場合決してそうしようとしないことだ。なぜそうしないのか？　理由はいくらでもあるだろうから何とも言えないが、もしかしたら、その夢を実現してしまったら何も人生に残らなくなる――そのあと、もっと大きな夢を見つけて自分にチャレンジを課していけば話は別だが――と知っているからかもしれない。

つまり、彼らは「大きく生きる」ことに伴うリスクやスリルに真正面から取り組むより、「小さく生きる」ことを選んでいる。人生の後半に入ると、こういう人はきっとこんなことを言う。「ずっと前にあれをやるべきだったんだよね。ただそこまで手が回らなかったんだ」

前に、顔見知りの男性にこう聞いたことがある。「もし自由に使えるお金がいくらでもあったら、どこへ旅行したいですか?」

彼はこう答えた。「カリフォルニアの妹に会いに行きたいですね。もう十四年も会っていないからぜひ会いたい。特に妹の子供たちがあまり大きくならないうちにね。それが私にとっての夢のバケーションですよ」

当時、その旅行の費用はおよそ五百ドルだった。そのことを彼に言って、なぜこれまでにそうしなかったのかたずねた。すると彼はこう言った。「ええ、いつかそうするつもりですよ。ただ今は忙しすぎるんです」つまり、この旅行は彼にとって「夢のバケーション」、実際に夢から目を覚まして実行するよりも、いつまでも夢に見ていたい旅行だということだ。

金持ち父さんは多くの場合、このタイプの人が一番危険だと言っていた。

「彼らは亀のような人生を送っている。けが防止用に壁一面に詰め物がしてある、静かな自分の部屋にもぐり込んでいる。きみが甲羅を叩いてのぞきこむと、いきなり首を突き出して噛み付いてくるかもしれない」

教訓——亀にはちょっかいを出さずに夢を見させておこう。たいていの亀はどこにも行かず、彼らはそれで満足しているように見える。

■夢を実現したあと、退屈な人生を送る人

ある時、友人の一人が私にこう言った。「二十年前、医者になるのが夢だった。だから医者になった。で、

医者でいることにとても満足している。でも今、ぼくは人生に退屈している。何かが足りないんだ」

退屈感は、たいていの場合、新しい夢を見る時が来たことを示す兆候だ。金持ち父さんは私にこう言った。

「ハイスクール時代に夢見ていた職業に就いて働いている人はたくさんいる。問題は、彼らがハイスクールを卒業してからもう何年も経っていることだ。今は新しい冒険に旅立つ時期だ」

■大きな夢を持っているが、それを実現するための計画がなくて結局何も得られない人

おそらくみんな、このカテゴリーに入る人を一人や二人は知っているだろう。このタイプの人はこんなことを言う。

「画期的なことを思いついたんだ。新しい計画を立てたので聞いてくれ」

「今度はいつものようにはならない」

「心機一転、再出発するんだ」

「もっと一生懸命働いて、請求書の支払いを全部済ませて投資するんだ」

「新しい会社がこの町に進出してくる話を聞いた。私にぴったりの仕事があるそうだ。これはすごいチャンスかもしれない」

金持ち父さんはこう言っていた。「このタイプの人はたくさんのことをやり遂げようとするが、それを自分のやり方でやろうとすることが多い。でも、自分だけの力で夢を実現できる人はとても少ない。このタイ

プの人は大きい夢は持ち続けるべきだが、一方できちんとしたプランを立てて、その夢の実現を手助けしてくれるチームを見つける必要がある」

■大きな夢を見て、それを実現し、さらに大きな夢を見る人

ほとんどの人はこのタイプの人間になりたいと思っているのではないだろうか？　私はそう思っているがあなたはどうだろう？

金持ち父さんはこんなふうに言っていた。「大きな人は大きな夢を、小さな人は小さな夢を見る。今の自分を変えたかったら、夢の大きさを変えることから始めたらいい」

もうご存知のように、私は一文無しになったことがある。まったくのすっからかんで、結婚したばかりの妻と二人で車の中で生活していた。だから、お金がないことがどんなものか、私にはわかる。でも「すっからかん」というのは一時的な状態だ。「貧しさ」とは違う。貧しさは心の状態だ。すっからかんになっても心は豊かでいることはできる。夢や勇気、決意をたっぷり持つことはできる。大きな夢を見るためにお金は必要ないし、さらに大きな、「どでかい」夢を見るためにも余分なお金はまったくかからない。どんなにお金がなくても夢をあきらめさえしなければ決して貧しくはならない。

ネットワークマーケティングのライフスタイルですばらしい点は、自分の夢に枠を設けないことだ。つまり、あなたの夢は四十年後にやっと叶う夢や、一年のうちほんの数週間だけ、あるいは日曜日の午後にだけ実現する夢にとどまっていない。自分のネットワークマーケットビジネスを築き始めることは、夢に見た生活を生き始めることを意味する。はじめは少しずつだろうが、ビジネスを始めた初日からあなたの新しい人

生が始まる。

これは、「私にはできない」という心の持ち方から、「私にはできる」という心の持ち方への大きな転換だ。環境に流され、その言いなりになっていた状態から抜け出して、人生の操縦席に座ることを意味する。隷属からの解放だ。

徹底した自己決定に基づく生活について書かれた瞑想録『ウォールデン――森の生活』の結びで、著者ソローは次のように言っている。

少なくとも、私は次のようなことを経験を通して学んだ――もし人が確信を持って夢に向かって突き進み、自分が夢に描いてきた生活をするために努力するなら、その人は普通の状態では決して期待できないような成功に出会うだろう。

私にはこれ以上うまい説明のしかたは思い浮かばない。

（第十七章）

女性が得意なビジネス――キム・キヨサキ

これまでに妻のキムの話は何度もしたので、私たちがどんなふうにして出会い、私がどんなふうにして彼女を追いかけたか、結婚生活を始めたばかりの頃、二人でどんな苦労をしたか、どんな目的に向かって、どのような戦略でアプローチしたか、そしてその後の二人の人生がどのようになったか、もうみなさんはご存知のはずだ。この第二部を終える前にキムに登場してもらって、みなさんに彼女の言葉を直接聞いていただきたいと思う。

ネットワークマーケティングとそのさまざまな価値について、これまでロバートがずいぶん話をしてきたが、ここでもう一つ私から付け加えさせてもらいたい。それは、ネットワークマーケティングが女性にぴったりのビジネスだということだ。

ネットワークマーケティングの参加者に関する基本的な統計数字を見て、まずあなたが気付くことの一つは、一番注目すべき点でもある――男性の四倍以上もの数の女性が参加している！

数字の間違いなどではない。直接販売協会によれば、アメリカでネットワークマーケティングに参加している千五百万人のうち、およそ八十八パーセントが女性だ。統計には、六千二百万人以上にのぼる世界全体の参加者の性別による内訳は出ていないが、おそらくアメリカの場合と同じようなものだろう。

なぜ女性の参加者が多いのか？　その理由の一つは、このビジネスモデルの発達の初期段階で、家族が内職としてネットワークマーケティングを始める場合が多く、男性が一家の稼ぎ手として外で働いている家庭では必然的に、家にいる女性がこのパートタイムの仕事に中心的に関わることが多かったからだ。

また、これと並行した要因として、このビジネスが在宅ビジネスであることが挙げられる。つまり、ネットワークマーケティングビジネスを築くことと育児とは完全に両立する。

でも私は、このような実際的な理由や歴史的な理由よりも、もっと大きな理由があると思う。

ネットワークマーケティングは「人間関係」を核とするビジネスだ。ロバートが説明してきたように、これは売上を上げることを中心に回っているビジネスではない。「コネクション」を作ることを中心に回っている。大事なのは人間関係を作ること、コーチ、トレーナー、教師、メンターとなって人を導くことだ。ネットワーク形成のために実際に毎日する仕事は、販売テリトリーを広げることよりも、むしろコミュニティーを作り出すことに近い。

増えていく新入りネットワーカーをサポートし、コーチングするネットワークの発起人とネットワーカーとの関係は、女性が得意とする人間関係、相互関係だ。

もちろん、今言っていることはどれも、男性はネットワークマーケティングで成功できないということを意味しているわけではない。そのことを日々証明している男性たちは何百万人といる。でも、実際のところ、このビジネスの最大の特徴の一つは次の一言に尽きる――これは女性が得意とするビジネスモデルだ。

■女性が必要とするもの

ネットワークマーケティングが、女性が得意とするビジネスモデルだということは、もちろんいいことでもある。なぜなら、現代の女性たちは自分自身の富を築く方法を学ぶことを本当に必要としているからだ。

数年前、若い女性ジャーナリストが私のところにやってきて、明らかに熱がこもった口調でこう言った。

「自分のお金を自分で管理する必要があると女性たちに気付かせる必要があります。ほかの人を頼りにしてやってもらっていてはだめなんです！」

一緒に話しているうちに、私はまもなくこの女性ジャーナリストの情熱がどこから出ているのか気が付いた。離婚してほとんど何ももらえなかった五十四歳の母親が最近彼女の家に越してきたのだ。そのおかげで、この女性はその時、自分自身だけでなく母親の生活も支えていた。

それだけでも彼女の目を覚まさせるのに充分な出来事だったが、彼女がびっくりして飛び起きたのは、二人で食べていくのにどれだけお金があるか、自分の経済状態をよく見直した時だった。もし何らかの理由で安定した給料が入って来なくなったら、七千ドルあまりの貯金に頼るしかないことがわかったのだ。

二人世帯に七千ドルではそう長くはもたない。二人と貧困生活——あるいはもっと悪くすればホームレス状態——との間には、わずか数回分の薄っぺらい給料袋の厚さほどのすきましかなかった。女性たちも自分のお金の管理をしっかりしなければいけないと彼女が熱っぽく語ったのは無理もないことだった。

幸いなことに私は、この若い女性のような境遇にはない。ロバートと私は、世の中の景気がどうなろうと一生安心して暮らしていけるだけの経済的基盤を持っている。

でも、確かに差し迫った状況にはないが、それでも、女性が経済的独立を確立することに関する私の情熱はこの若い女性と変わらない。

ネットワークマーケティングの成功の「ハウツー」は、女性の場合も男性の場合と違わない。でも、女性がネットワークマーケティングビジネスをなぜ起こすか、そのやむにやまれぬ理由は往々にして男性の場合と大きく異なる。

私たち女性は自分が母親の人生とはずいぶん異なる人生を送っていることを知ってはいるが、それがどんなに違うかよく考えてみたらびっくりするかもしれない。次に挙げるのは、「富の形成」という名のゲームに今の時代の女性が参加する必要がある大きな六つの理由だ。

①統計的理由

女性とお金についての統計を見ると本当にびっくりする。次に挙げるのはアメリカにおける統計だが、世界のどの国でも非常にこれに近い状態にある、あるいはこのような状態に向かっていると言っていいだろう。

・五十歳以上の女性の四十七パーセントが独身、言い換えれば、金銭的に自分で責任を持たなければばいけない状態にある。

・女性の退職時および退職後の収入は男性に比べて少ない。その理由は、育児を主に受け持つ立場であることから、仕事を離れている期間が平均して十四・七年（男性の場合は一・六年）あるからだ。この事実に、今でも男性と女性の間に給料格差があることを付け加えると、退職給付金が男性のわずか四分の一程度になる（女性と退職調査全国センター《NCWRR》による）。

・女性の平均寿命は男性より七年から十年長い（Ann Letteresee 二〇〇〇年六月十二日付）。これは、その分、女性に余分な蓄えが必要なことを意味する。さらに、ベビーブーマーで結婚している女性の場合は平均して十五年から二十年、夫より長生きする可能性がある。

・貧困生活を送っている高齢者のうち四分の三が女性だ（Morningstar Fund Investor）。

・十人の女性のうちおよそ三人はいつか貧困生活を送ることになる。

これらの統計から何がわかるだろう？　これはつまり、経済的に自分で自分の面倒を見るための教育を受けていない、あるいはそのための準備ができていない女性がどんどん増えている、特に歳をとるとともにその傾向が強まるということを示している。私たち女性の多くは、家族の面倒を見るために一生を費やしてきた。でも、肝心なお金の面で自分自身の面倒を見る能力を持っていない。

②依存状態からの脱出

離婚することを予想して結婚する人はいない。人員整理されることを予想して新しい仕事に就く人もいない。でも、そういうことは起こり得るし、特に今の時代はそういうケースはどんどん増えている。

女性のみなさん、もしあなたが夫や会社、そのほか誰でも何でもいい、自分以外のところに自分の将来の経済状態を頼っているとしたら、よく考え直したほうがいい。あなたが頼っている相手は、これから先もずっとそこにあるとは限らないのだから。何かが起きて目を覚まさせられるまで、自分がどんなに他人に依存しているか、気が付きさえしない場合が多すぎる。

③昇進における差別

世界金融危機が深刻化した二〇〇九年以降の今の世界で、会社に勤める人たちはみんな多くの困難に直面しているが、女性の場合はそれに加えてもう一つ大きな障害に立ち向かわなければならない。それはかの悪名高き「ガラスの天井」だ。そう、その通り。この見えざる壁は今も存在する。女性は企業の昇進の梯子をある段階までしか登れない。では、五十歳以上の女性が企業に新たに就職しようとした場合はどうだろう？この答えはあなたは聞きたくもないだろう。

ネットワークマーケティングの世界では、ガラスの天井という考え方自体ばかげている。ネットワークマーケティング主宰会社はあなたが女性だろうが男性だろうが、黒人だろうが白人だろうが、大卒だろうがハイスクール中退者だろうが気にしない。会社が気にするのはあなたがどれくらい熱心に、効果的にネットワークを築くかだ。そして、先ほど指摘したように、男性の四倍の数の女性がまさにそれをしている。

大事なのはスキルと教育と経験だ。ネットワークマーケティングの世界には制限はない、ガラス製だろうがコンクリート製だろうが、あなたの成長を妨げる天井はない。

④収入に対する制限

ガラスの天井と、今でも存在する男女の賃金格差のおかげで、女性の場合、稼げる収入の額が制限されていることがよくある。調査によると、教育と経験の程度が同じ男女では、男性が一ドル稼ぐのに対して女性は七十五セントしか稼げない。

でも、ネットワークマーケティングビジネスは「完全に」拡張可能だ。つまり、あなたが女性であれ男性であれ、ネットワークを築くことによって作り出すことのできる収入の流れの大きさには制限がない。

⑤自尊心の向上

個人的な意見を言わせてもらうと、ネットワークマーケティングビジネスの最大の利点、報酬の一つがこれだと思う。そして、これは、多くの女性がこのビジネスに関わるようになる大きな理由の一つでもある。女性の自尊心の高さが、自分を養う能力と連動していることはよくある。経済的に誰かに依存していることは、自尊心を低くすることにつながる可能性がある。お金の問題がなかったらやらないようなことを不本意ながらやる場合も出てくるかもしれない。

経済的に自立する方法を学んだとたん、その女性の自尊心がぐんと高まった例を、私はこれまでにいくつも見てきた。自尊心が高まると、その人のまわりの人間関係もいい方向に向かう傾向がある。より高い自尊心はより大きな成功につながる。そして、それは最終的に一番すばらしい贈り物につながる。その贈り物とは自由だ。

⑥自分で時間を管理する

真の富の形成のためにはエネルギーをつぎ込む必要がある。その際、男性に比べて女性にとって大きな障害となるのは要するに「時間」だ。子供たちの世話に多くの時間をとられる母親たちの場合に、特にこのことが問題となる。私は多くの女性がこんなふうに言うのをよく耳にする。「仕事から家に帰ってきたら食事を作り、子供の宿題を見て、皿洗いをしなければならない。みんながベッドに入ってやっと自分の時間ができた時にはもう疲れ果てている！」

ネットワークマーケットに参加した人は自分の時間は自分で管理する。このビジネスはパートタイムでもフルタイムでもできる。自分の家からでも、電話やコンピュータを使っても、あるいは夜だけ、週末だけでも、いつでもどこでもできる。あなたと一緒に旅行することも、ポケットに入れることもできるビジネス、あなたの毎日のスケジュール、状況によって一度に三十分しか時間がとれないとしても、その時間内でできるビジネスだ。

■富の形成は「必要不可欠」

以上の六つが、女性が自分自身の富を形成する方法を学ぶ必要がなぜこれほどあるのか、その主な理由だ。統計は、女性にとってどんなに時代が変わったかを明らかに示し、実社会でのファイナンシャル教育がもはや余分な贅沢ではなく、必要不可欠であることを指摘している。将来の経済状態を他人に依存するのはさいころを転がすようなものだ。最終的にそこに見返りがある可能性もあるが、リスクは非常に高い。

ガラスの天井と収入の格差は、多くの女性が長年戦い続けている問題だ。どちらもネットワークマーケティングの世界には存在しない。その上、そこには二つのすばらしい贈り物が用意されている。自尊心を高められることと、好きに使える時間が持てるようになることだ。

今挙げた六つの理由の中で、あなたがどれに一番共感を感じるか、私にはわからない。人は一人一人違うから、あなたを「普通の女性」として一般化して話すことはできない。ネットワークマーケティングビジネスを築きたいと思う一番大きな理由、やむにやまれない事情は、あなただけが決められることだ。

■ 楽しみながら富を築こう

あなたを動かすその強い動機が何であれ、ネットワークマーケティングビジネスを始めるにあたって、ぜひ覚えておいてほしいことがもう一つある。それは楽しむことだ。

余分に月百ドル、千ドル――もしかすると一万ドル！――稼げるかもしれない、そして他人への依存をやめ、自分の時間を自分でコントロールできる……これはすばらしいアイディアだ。でも、もし楽しみながらできなかったら、それはすぐに、昔ながらの企業社会で多くの人が陥りがちな、型にはまった退屈な生活に続く道になりかねない。簡単に言うとこうだ。あなたは自分がやっていることに対して情熱を持たなければいけない。情熱の不足は銀行の残高に反映する！

自分のビジネスを始めたいと考えている多くの女性には、パーティプランビジネス――ホームパーティを中心とするネットワークマーケティングビジネスの一種――がぴったりだと私が思う理由はここにある。パーティプランビジネスは、富の形成を助けるネットワークを作る機能を果たしながら、自宅のくつろいだ環境で友人や親戚と時をすごす絶好の機会を与えてくれる。おまけに、それを楽しみながらできる！

ネットワークマーケティング業界におけるパーティプランビジネスに関する一つの興味深い事実は、経済の嵐が吹き荒れるこの時代に非常にうまくいっていることだ。実際のところ、これこそが、ネットワークマーケティング全体が人々の注目を浴びている理由の一つだと言ってもいい。

Vorwerk（JAFRA Cosmetics）、Mary Kay、Tupperware、Scenty、Partylite、Stampin'Up、Jewels by

Park Lane、the Longaberger Company、Southern Living at Homeといった、家庭用品を中心とする会社が、世界での年間の卸売り収入が一億ドル以上の直接販売会社六十四社に名を連ねている。

二〇〇九年の『直接販売ニュース』の報告によると、特製食品を売っているパーティプラン会社、Tastefully Simpleは、世の中の不景気にもかかわらず、二〇〇八年に売上げを五パーセント伸ばした。また、台所用品を扱う会社、Pampered Chef（この会社は二〇〇二年に億万長者ウォーレン・バフェットに買収された）もその同じ時期に新しい参加者の数を五パーセント伸ばした。

これは何を示しているのだろう？　パーティプラン会社は、将来の自分の経済状態を自分でコントロールすることを考えている女性に、リスクが低く見返りの多いビジネスチャンスを提供している。育児にいそしむ専業主婦で、新しい起業家の列に加わりたいと思っている女性や、給料を補う収入を得たいと思っている働く女性、少しばかり余分なお金を稼ぎたいと思っている大学生など、富を築くチャンスを自分に与えたい、そしてそれを楽しみながらやりたいと思っているすべての女性に、私はこのタイプのネットワークマーケティングビジネスをお勧めしたい。

■何が大事か知る

はじめてのデートの時、ロバートは私に人生で何をしたいかたずねた。私はいつか自分で会社を起こして経営してみたいと答えた。するとロバートはこう言った。「それなら手を貸してあげられる」それから一カ月後、私たちは一緒にビジネスをやっていた。

でも、ロバートはそれだけでなく、もっと大きなことについても話し始めた。人間の精神性について話したり、私の人生の目的を聞いたりした。当時は一九八〇年代で、世の中の人々は仕事中毒になっていて、そうであることに誇りを持っていた。九〇年代になると、人々は自分の人生を見直し、もっとむずかしい質問を自分にし始めた。でも、人々が本当に真剣になり、「ちょっと待てよ。私はなぜハムスターのように車輪の中で走り続けているんだ？　自分の人生をどうするつもりだ？　一体どこに向かって走っているんだ？」と自問し始めたのは９・１１の同時テロ事件があってからだった。

私は、忙しすぎて家でやるパートタイムビジネスに関わる時間などないという話を女性たちからよく聞かされる。そういう人に私はこう言う。「あなたのビジネスの成功の秘訣はこうだ——人生を見直すこと。それもじっくり見直す。そして、自分にこうたずねる。『私の人生にこれを含めたい、どうしても手に入れなくてはならないと思うほど大事なものはなんだろう？』と」

ビジネスを築くためにわざわざ時間を作り、労力を費やさなければならない。そして、そこから利益が出たら次にそれを使って、これから一生あなたの面倒を見てくれる富を築く。それだけの努力をしてまで手に入れたいと思う「自分にとって大事なもの」とは何だろう？　この答えがはっきりわかっていなかったら、何をしてもうまくいかない。

自由の意味は人によって違う。成功の意味も人によって違う。どちらも個人的な問題だし、そうあるべきだ。五千ドルだろうが百万ドルだろうが、数字は抽象的だ。それがあなたの人生でどんな意味を持つか、あなたがその意味を与えるまではただの数字で何の意味もない。

結婚してまだ間もない頃、ロバートと私は二人とも、自分たちでビジネスをやり、他人にああしろこうしろと言わせないこと、そして自分たちの将来の経済状態を自分でコントロールすることを自分に強く誓っていた。それは私たちにとってとても大事なことだったので、実現のためにはどんな困難にも喜んで耐える覚悟があった。

実現には何年もかかった。本当だ。およそ十年かかった。

収入がないことが大きなストレスになったことも何度もある。私たちのことを頭がおかしいと言って、御託を並べずに決まった給料のもらえる普通の仕事にさっさと就くべきだと忠告する、あらゆる種類の友人たちが大勢いた。でも、彼らが勧めることは、私たちが絶対にやりたくないと思っていたことだった。

最後にもうどうしようもなくなり、私たちは何か手を打つことに決めた。ロバートはセミナーなどで人に教え始め、私は洋服のメーカーをしていた友人のところへ行って、マーケティングの手伝いをさせてくれるように頼んだ。そして、美容院をたずねて回り、小さな売り場コーナーを設けさせてもらった。給料はなく、もらえるのは売上げに基づくコミッションだけだった。それに、本当のことを言って、私が手にしたのはごくわずかなコミッションだけだった。でも、この仕事は私を外に出してくれた。私に行動させてくれた。

この時、私はこれこそが起業家の真髄であることを知った。あなたは外に出て、物事を自分の手で実現しなければいけない。そして、あなたがそれを実現する唯一の原動力は、自分にとって本当に、絶対に大事なことが何か知っていて、それを手に入れるための唯一の方法が自分で作り出すことだと気付いていることだ。

第三部

あなたの未来は今始まる

ネットワークマーケティングビジネスを
始めるために必要なこと

第十八章 賢く選ぶ

さあ、いよいよあなたがネットワークマーケティングビジネスを始めることに決めたとしよう。おめでとう！

さて、まずここであなたは選択を迫られる。今、世の中には、何千というネットワークマーケティング会社がある。どの会社に参加したらいいだろう？　どのようにして選んだらいいだろう？

ネットワークマーケティングに新たに参加しようとする人の中には、何も考えずに最初に出会ったチャンスに飛びついて、その会社に決めてしまう人がよくいる。確かに、最初にあなたが耳にした会社がすばらしい会社で、それが賢い選択である可能性もある。でもこれは、もっと情報と知識に基づいて慎重に選ぶべきことだ。何と言っても、あなたの将来に関わることなのだから。

では、どのようにして選んだらいいか？　決定する際の基準は何か？

「当社は最高のコミッションプランを用意しています――大きな収入が得られます！」

いろいろなネットワークマーケティング会社を調べている時、私はよくこのような文句を耳にした。自分の会社が提供するビジネスチャンスについて私に熱心に説明してくれた人たちは、たいてい、そのビジネスで月に何千ドルも稼いでいる人たちの話を聞かせてくれた。私自身、ネットワークマーケティングビジネスで本当に月に何千ドルも稼いでいる人に会ったことがあるから、そこに大きな金儲けのチャンスがあることに疑問はない。

でも私は、お金を儲けることを一番に考えてネットワークマーケティングビジネスを検討することはお勧めしない。

「当社は最高の品質の製品を提供しています。この製品によって人生が変わります！」

私はこんな文句もよく聞いた。ネットワークマーケティングへ参加した人たちが、その会社を選んだ理由としてお金に次いで挙げていた二番目の理由は、たいてい製品のすばらしさだった。このことにも一理あると私は思った。確かに、価値が大げさに強調された、完全な誇大広告もたくさん耳にしたが、その一方で、本当にすばらしい製品にも出会った。そのうちのいくつかは今でも使っているし、実際のところ、飛び抜けて高品質の製品はネットワークマーケティングの折紙つきの製品であることがよくある。

でも、そうだとしても、製品自体もまた、このビジネスから得られる一番大きな利点ではない。

もう一度繰り返し言わせてもらう。

参加する会社を選ぶ時、製品は考慮すべき一番重要な点では「ない」。

私がこのことをしつこく言う理由は、たいていの人が、製品が一番大事だと考えているからだ。覚えておいてほしい。あなたはセールスパーソンの仕事に就こうとしているわけではない。あなたがやろうとしているのは自分のビジネスを始めることだ。そしてそのビジネスとは、ネットワークを作ることだ。だから、いろいろな会社を見て回る時にあなたが一番考えなければいけないのは、「この会社は私がネットワークを作る名人になる方法を学ぶ手助けをしてくれるだろうか?」ということだ。

私がネットワークマーケティングを推薦する最大の理由は、実社会のビジネス教育と人間的成長のためにネットワークマーケティングが用意しているシステムだ。

ネットワークマーケティングのシステムは、誰もが富を分かち合うことを可能にするように作られている。ネットワークマーケティングは、やる気と決意と忍耐を持っている人なら誰にでも門戸を開いている。家柄がどうだとか、どこの大学を出た(もし大学に行っていればの話だ)とか、今の収入はいくらかなど、ぜんぜん気にしないし、人種や性別、外観、人に好かれるタイプかなどといったことも気にしない。それどころか、頭がいいかどうかも気にしない。

たいていのネットワークマーケティング会社が一番気にかけるのは、学ぶこと、変化すること、成長することに対してどれくらいあなたが積極的か、そして、ビジネスオーナーになるまでの間、何事にも負けずにそのプロセスにしがみついていくだけのやる気があるかどうかだ。

世の中のネットワークマーケティング会社はどれもそうなのだろうか? 答えは「ノー」だ。何でもそうだが、この業界にもいい会社もあれば悪い会社もあるし、中には最悪の会社もある。そして、もちろん、中には本当にすばらしい会社もある!

ネットワークマーケティング会社のすべてが、本当に教育をサポートしているわけではない。ただ売込みばかりをする会社もある。そういう会社があなたに望むのは自分たちに代わって売ることで、あなたに何かを教えることにはまったく興味がない。ただあなたが友達や親戚を仲間にしてくれさえすればいいと思っている。そういう会社に出会ったら、私だったらそこに足を突っ込むのに慎重になる。自分の人間的成長には役に立たないだろうし、会社自体、長続きしないだろうからだ。

一方、あなたにビジネス教育を授けることに全力投球する、もっとすばらしい会社もある。

そういう会社は長期にわたってきちんとやろうという姿勢を持っていて、あなたのスキルと能力を開発することを優先事項の一つとしている。このような会社で、あなたを訓練し、自分の可能性を最大限に活かしたビジネスパーソンになるのを手助けしてくれるリーダーがいるところを見つけたら、それこそが、あなたが参加すべき会社だ。

報酬プランは大事だろうか？　もちろんだ。製品ラインの品質は大事だろうか？　それももちろんだ。でも、そういったことよりずっと大事なこと、私が本当に気をつけて見る点は、参加者をBクワドラントで成功する住人に成長させることに、その会社がどれくらい責任を持ってやる気でいるかだ。これが、あなたが参加するネットワークマーケティング会社に関して一番大事なことだ。そういう会社を選べば、このビジネスが本当にあなたにとっての「ビジネススクール」になる。

報酬プランや製品といった表面的なことだけでなく、もっと深いところにあるその会社の本質を見極めるために時間を投資しよう。この会社は本当にあなたの訓練と教育に興味を持っているか？　それを見極めるには、三十分のセールストークを聞いたり、はでなウェブサイトを見たり、たくさん儲けている人の話を聞いたりするだけではだめだ。その会社の教育システムが本当にいいものかどうかを見極めるには、あなた自身、椅子から腰をあげて、その会社が提供しているトレーニングや教育用のセミナー、イベントに出かけていって調べてみなければいけない。

そういうところで聞いた最初のプレゼンテーションが気に入ったら、実際に教育やトレーニングを担当している人たちに会って話を聞こう。

それから、よく注意して本当の姿を見極めよう。すばらしい教育プランを用意していると「言う」ネットワークマーケティング会社は多いが、すべてが本当にそうだというわけではない。私が調べた会社の中には、参加者のトレーニングプランが推薦図書のリストだけで、あとはあなたが友人や親戚を仲間に引き入れる方法を教え込むだけという会社もあった。

だから、じっくり時間をかけて慎重に調べよう。実際にすばらしい教育プラン、トレーニングプランを用意しているネットワークマーケティング会社もたくさんあるのだから。それらは、私が知る限りの実社会のビジネストレーニングの中でも最高の部類に入る。

次に挙げるのは、ネットワークマーケティング会社を選ぶ時にあなたが答えを見つけるべき質問の一例だ。

・会社を運営・管理しているのは誰か?
・すでに効果が証明されているアクションプランが用意されているか?
・通常の教育プログラム、トレーニングプログラムの一部に、ビジネススキルと人間的成長の両方の要素が常に含まれているか?
・あなたが情熱を感じることができるような、高品質で、インパクトがあり、市場性の高い製品を扱っているか？

■会社を運営・管理しているのは誰か？

ビジネス経験がなく、ＥやＳのクワドラントの考え方のまま新しいビジネスに目を向けた人は、その会社の利点を判断するのに製品や報酬プラン、昇進制度などに注目することが多い。私はそのような点は見ずに、上に立つ人たち、船の舵を握っている人たちに注目する。

だからといって、製品や報酬プラン、そのほかすべてのことが重要ではないと言っているわけではない。でも、この世に完璧な会社などない。どんな会社でも問題はいつも起きる。もし、適切な人たちが船を操縦していれば、問題が何であれ、うまくいかなくなったらそれを修正する。事実、会社を動かす人たちが本当にすばらしい人たちだったら、解決できない問題はない。でも反対に、舵を握っている人が不適任者だったら、問題が起きても彼らには何もできない。

表紙を見ただけでは本の中身はわからない。プロモーション用のビデオやウェブサイトを見るだけではなく、もっと深いところまで調べよう。上に立つ人はどんな人たちか？　彼らの経歴、経験、業績、人間性について知ろう。彼らと個人的に知り合いになることはないかもしれないし、直接一緒に働くこともないかもしれないが、あなたが一緒にビジネスを始めようとしているのはまさしく彼らだ。

ジョン：ここで一つ指摘したいことがある。それは、参加者集めに躍起になっているプロモーターたちが時として広めようとする「神話」だ。つまり、「大儲けをするためには、最初から参加して有利な立場に立たなくてはいけない」という作り話だ。これはまったく間違っている。

ロバート：ただ間違っているだけじゃない。実にばかげた話だ！　一般に、新規ビジネスの大部分は二年以内につぶれる。これはネットワークマーケティング会社の場合も同じだ。業績のまったくない会社に労力と時間、エネルギーのすべてを賭ける危険を冒そうなんてばかげている。

ジョン：ネットワークマーケティング会社の中には、まだ三年しか経っていないのにとてもしっかりしていて、持続性もあり、すばらしい会社もあれば、三十年の歴史を誇る会社もある。まだ歴史が浅く、何もかもが新鮮な初期の段階にある団体に参加してその一部となることに、何か人を興奮させるもの、やる気を出させる要因があるのは事実だ。でも、何十年もその業界に存続する会社に参加することから得られる力、信頼性といったものにも大きな価値がある。

まだ始まったばかりの会社に自分を百パーセント関わらせるとなったら、私は当然ながら相当な注意を払う。もちろん、そういう会社にも例外はある。始まったばかりの新しい会社でも会社としての信頼性がとても高く、真剣に検討する価値のある会社が見つかる可能性もある。

ここで私たちが言いたいのは、デューデリジェンスを忘れるなということだ。あなたが今知ろうとしている対象の正体は何か、自分が一緒にビジネスをしようとしているのはどんな人たちか、しっかりと見極めよう。

金持ちになる「秘訣」が、出来たばかりの会社——五年、三十五年経った会社でも同じだが——に参加することだと言って、あなたに近づいてくる人にだまされてはいけない。金持ちになる秘訣などない。手っ取り早く金持ちになる方法などない。あなたに必要なのは、地に足が着いていて、これから長期にわたって存続し続けるという、確かなしるしをあなたに示してくれる会社だ。

■すでに効果が証明されているアクションプランが用意されているか？

ジョン：ネットワークマーケティングで最もお金が儲かり、長期にわたって存続可能な会社は、不必要な努力を参加者に求めたりしない。その代わり、その人が求める成功を手に入れるのを手助けする「アクションプラン」を用意している。たとえば、一日のうちに、あるいは一週間の間に何をしたらいいか、さまざまな提案が含まれたトレーニング・ガイドが用意されている。

また、参加してビジネスオーナーとなった人たちに対して、仲間になってくれそうな人の教育を手助けしたり、製品やチャンスを分かち合うことを目的とした、専用ウェブサイトを提供している会社もある。CDやDVD、ポッドキャスト、印刷物など、高品質の本格的プレゼンテーションツールは、ネットワークマーケティングに参加した人の道具箱に共通する基本的な「道具」だ。

■通常の教育プログラムに、ビジネススキルと人間的成長の両方の要素が常に含まれているか？

これまでにかなりはっきりさせてきたつもりだが、私は、ネットワークマーケティングを通してあなたが得る経験の中で一番価値がある――そこであなたが作り出す収入の流れよりも価値がある――のは、トレーニングと教育だと考えている。だから、ぜひ、あなたの選んだ会社にその価値があるかどうか、しっかり事前に確かめてほしい。

あなたが選んだ会社が、ビジネススキルの習得と人格形成・人間的成長の両方を目的とした恒常的なトレーニングに重点を置いているかどうかしっかり確かめよう。何十年も前からこの業界のリーダーたちは、人々を励ましたり教育したりするための材料を常に仲間に与えることが、結局は自分たちの利益になることを知っていた。昔はその材料は書籍やオーディオテープだったが、二十一世紀の今はＣＤやＤＶＤ、ポッドキャスト、テレビ電話会議《テレコンファレンス》、オンライン・セミナーなどだ。それにもちろん書籍もある。書籍は決して時代遅れにはならない！

ジョン：それに生のイベントもある。インターネット全盛の時代でも、実際にイベントに参加することには特別な力がある。ほかの媒体では取って代われない何かがそこにある。

最近では、日常的なネットワーク作りは、直接会って行われるのと同じくらい頻繁に電話やインターネットでも行われている。でも、参加してみるとわかるが、質のいい会社ほど、一年、半年、あるいは一カ月に一度定期的に行われるイベントに力を入れている。なぜか？　それは教育やトレーニング、人間的成長に、それらのイベントが大いに役に立つからだ。

ところで、参加者のトレーニングと教育に関わってくるのは、ネットワークマーケティング会社だけではない。そこには何層にも重なった人々の集まりがある。きみを直接そのビジネスに誘い入れた人

（よく「スポンサー」と呼ばれる人）から始まり、そのスポンサーのスポンサー……という具合にさかのぼっていく人のつながり、つまり上に向かう「アップライン」だ。そして、その終点にいる主宰会社の幹部たちも含めてすべての人が、きみが成長し、学び、成功することから利益を得る仕組みになっている。

ネットワークマーケティングのシステムの利点の一つは、従来型の企業の「食うか食われるか」の環境――そこでは梯子を一段上るために、親友さえもがあなたを踏みつけにしかねない――と正反対の環境を作り出す仕組みになっている点だ。

ネットワークマーケティングでは、たがいの寝首をかくような競争は発生しない。理由は簡単だ。スポンサーとアップラインの成功はあなたの成功にかかっているからだ。あなたの成長から利益を得ることのできる人は、当然あなたの成長を望む！

■あなたが情熱を感じることができるような、高品質でインパクトがあり市場性の高い製品を扱っているか？

ネットワークマーケティング会社を選ぶ際に考慮すべき点のナンバーワンではないにしても、その会社がどんな製品を提供しているかはとても重要だ。なぜか？　その理由は一言につきる。「バズ（口コミ）」だ。

ネットワークマーケティング会社は一般に、マスメディアを使った広告をあまりやらない。あなたもネットワークマーケティングを通して売られている製品の広告看板やテレビコマーシャルはあまり見かけないだろう。なぜか？　それは、まったく異なる販売促進モデルを使っているからだ。高い経費のかかるマスメディアに広告費をつぎ込む代わりに、ネットワークマーケティング会社は「あなたのような人々」にお金をつぎ込む。

ジョン：ネットワークの成長の原動力は口コミだ。つまり、製品やサービスや、今や自分がその一部となったビジネスの可能性についてほかの人に語る人たち、一人一人が活力の素だ。

だから必然的に、ネットワークマーケティングで本当によく売れる製品やサービスは、人々がそれに情熱を持てるもの、それにまつわる話が人々の胸に感動を呼ぶもの、人々の興味をそそる要因や珍しい歴史を持っているもの、ユーザーに特に大きな利益を提供するもの、あるいはこれまでになかった、まったく新しいものなどが多くなる。つまり、ほかでは聞けないような話を聞かせてくれる製品やサービスだ。

要するに「口コミ」が決め手だ。

でも誤解しないでほしい。私は大げさな売り込みの話をしているわけではない。嘘偽りのない品質や特性の話をしているのだ。あなたが扱う製品は本当の価値を持ったものでなければいけない。

今言ったことを頭に入れた上で、次に覚えておいてほしいのは、最高の製品やサービスはこの世にいくらでもあるということだ。数限りない選択肢からすばらしい製品、すばらしいサービスを選ぶのは、必然的にある程度までは非常に主観的なことになる。たとえば、スキンケア製品に大きな魅力を感じる人もいれば、栄養補助食品、テクノロジー関連製品に心引かれる人もいる。

その製品には大きな市場があるだろうか？　大勢の人にアピールするだろうか？　ほかとの競争に勝てるような値段だろうか？

あなたはその製品にすばらしい価値があると本当に信じているだろうか？　自分でそれを使うつもりがあるか？　人に話せるようなすばらしい話をその製品は持っているか？

ほかの人たちと分かち合おうとしている製品に、あなた自身が本当に情熱を持っていれば、ほかの人たちも同じように興味を持ってくれる可能性がそれだけ高くなる。

第十九章 何が必要か？

では、成功するネットワークマーケティングビジネスを築くには何が必要だろうか？

まず最初に、必要では「ない」ものから見ていこう。

■ ＭＢＡも重役経験も必要ない

複製可能という言葉を思い出そう。ネットワークマーケティングで一番効果的な戦略は、一番簡単に複製できる戦略だ。ネットワークマーケティングは、ヘンリー・フォードが自動車産業に対してしたのと同じことをＢクワドラントのビジネスに対してしている。つまり、プロセスを、大量生産できる単純な部品に変えている。

ジョン：成功するネットワークマーケティングビジネスは、熟練された二つの手によって手造りで生み出された「傑作」ではない。何千もの手が作り出した単純な音が集まってできた「交響曲」だ。

■セールスが得意である必要はない

前にも指摘したが、ネットワークマーケティングを実際にやったことのない人たちがこの業界についてよく持つ間違った考え方のうち、特に事実と違っているものの一つは、成功するには「生まれながらのセールスパーソン」である必要があるという考え方だ。

これはまったく事実に反する。実際のところ、この考えを持ち続けているとネットワークマーケティングでは損をする。なぜか？　それは、「セールスの天才」タイプの人は自分の複製を作れないからだ。

ジョン：しっかり覚えておいてほしいが、これはセールスが中心のビジネスではなく、教育、チーム作り、リーダーシップを中心としたビジネスだ。きみの仕事は製品をたくさん売ることではないし、製品をたくさん売ることをたくさんの人に教えることでもない。きみの仕事は人を導くこと、訓練すること、人づくりをすることだ。一番大事なのはネットワークを築くことだ。

ロバート：大事なのはセールスを成立させることではなく、ネットワークを築くことなんだね。

ジョン：まさにその通りだ。

■今の仕事をやめる必要はない

実際のところ、始めたばかりの頃は今の仕事をやめないほうが絶対いい。その理由の一つは、自分のビジネスを築くのは新しい職場で働き始めるのとはわけが違うからだ。職場に顔を出した日から給料をもらえるわけではない。ネットワークを築くには時間がかかる。じっくり時間をかけよう。

ジョン：それは金銭的な理由からだけではない。たとえ、今の仕事をやめられるだけの金銭的余裕があったとしても、そうしないほうがいい。ネットワークマーケティングが軌道に乗ってくると、職場の仲間たちが新しいパートナーになってくれたり、新しいパートナーを見つけるきっかけを作ってくれたりする場合がよくある。

ネットワークマーケティングに参加した人のほとんどが、パートタイムで自分のビジネスを築いている。二〇〇八年に直接販売協会によって行われた全国営業戦力調査によると、一週間に二十時間以上ネットワークマーケティングビジネスのために時間を使っている人は八人に一人にすぎなかった。

■金持ちである必要も、家を担保にして新たに借金をする必要もない

大部分のネットワークマーケティングビジネスの場合、開業費用として自分のポケットから出さなければいけない金額は五百ドル以下だ。でも、ぬか喜びは禁物だ。現金資本を節約した分は、あなたの汗と情熱で補うことになる。自分でビジネスを所有している場合、そのビジネスへの最大の投資はあなた自身だ。時間と神経と忍耐をつぎ込まなければいけない。でも、ビジネスを始めるのに大金は必要ない。

ジョン：それでも、投下資本が少ないからといってまったく必要ないというわけではない。これは一つの立派なビジネスだ。だから、きみもそれをビジネスとしてきちんと運営しなければいけない。それは、これから毎月営業経費が必要になることを意味する。

でも一般的に言って、きみの毎月の経費はかなり控えめだ――製品サンプルの補充、交際費、通信費、前に言ったCD、DVD、ウェブサイトといったプレゼンテーション用ツールなど。ほかには、継続的なビジネスの拡張と人間的成長に必要な材料にかかる費用だ。

つまり、確かに始めるのには大金は必要ないが、そこそこの毎月の経費は予算に組み込んでおく必要があるということだ。

■交渉の天才である必要も、数字の達人である必要もない

交渉や数字に強い必要はないが、大きな情熱を燃料として激しく燃え上がる欲望と、堅い決意は絶対必要だ。

友人のドナルド・トランプはこう言っている。「自分がやっていることを愛していなければいけない。情熱がなければ、大きな成功を手に入れるのはむずかしい。自分がやっていることに情熱を持っていなければ、起業家としてやっていくのはむずかしい」

以上が、成功するネットワークマーケティングビジネスを築くために「必要ない」ものだ。次に必要なものを見てみよう。

■自分自身に正直であること

Bクワドラントのビジネスを起こすのは簡単ではない。それでもやってみようと思ったら、あなたは自分自身にこう聞く必要がある。「自分には必要なものがそろっているだろうか？　自ら進んで『快適ゾーン』を飛び出す気があるか？　人に導かれることを喜んで受け入れられるか？　自分が人を導く方法を学ぶことをいとわないか？　自分の中に眠っている『金持ちの自分』に目を覚まさせる準備ができているか？」これらの質問に対する答えが「イエス」の人は、すばらしいトレーニングプログラムの用意されているネットワークマーケティングビジネスを探し始めよう。

ジョン：もう一つ付け加えさせてほしい。それは、自分が今、人生のどこにいて何を達成したいかはっきりとさせることだ。達成したいと思っていることに関してビジョンを持つことはとても大事だ。

次に、将来起こると予想されることをはっきり見極めてほしい。目標を達成するには何が必要か、お金やスキル、情報や知識の入手先のほか、毎週何時間費やさなければいけないかといったこともはっきりさせなければいけない。このビジネスを成功させるためにどんな活動が必要かきちんと把握して、現実的な時間的枠組みをはっきりさせよう。

ドナルド・トランプはこう言っている。

「ネットワークマーケティングには起業家精神が必要だ。これは精神の集中と忍耐を意味する。だから、本当に自分からやる気を起こす人でない限り、私はネットワークマーケティングを勧めない」
ドナルドの言っていることは、まったくその通りだ。

■正しい心構え

私にとって、起業家になることは常に継続するプロセスだ。今も私はそのプロセスの中にいる。きっと私は一生、起業家訓練生のままでいると思う。私はビジネスが大好きだ。ビジネスに関わる問題を解決するのも大好きだ。このプロセスは私が望むような生活を私にもたらしてくれる。だから、時にはとても大変なこともあったが、やるだけの価値はあった。
私が途中でやめずに続けられたのは、ある言葉のおかげだ。それは私にとって、夜の一番暗い闇の中で輝き続ける灯火だった。それは中華料理店でもらったフォーチュンクッキーの中に入っていた紙に書いてあった言葉だ。当時サーファー用財布の製造会社をやっていた私は、その紙をオフィスの電話にテープで貼り付けた。

「やめるのはいつでもできる。なぜ今、やめるのか?」

あの頃、相手をしなければならなかった電話の中には、私がやめたくなる理由を十二分に与えてくれるものがたくさんあった。でも、電話を切ったあと、私はよく、このおみくじに書かれた人生訓に目を向け、自分にこう言い聞かせた。「やめたいのはやまやまだが、今日はやめない。明日やめればいいんだから」

ありがたいことに、その「明日」は決してやってこなかった。

金持ち父さんはよく、「もし金持ちになるのが簡単だったら、みんな金持ちになっている」と言っていた。「あなたが金持ちになれたのは一番何のおかげだと思うか?」と人に聞かれた時、私が「誰からもああしろこうしろと言われたくなかったことだ」と答える理由はここにある。私には強い動機があった。どうしても自由を手に入れたかった。仕事による保障などほしくなかった。経済的自由がほしかった。ネットワークマーケティングはまさにこの経済的自由を得るチャンスを与えてくれる。

もしあなたが、自分がいくら稼げるか、何時から何時まで会社にいなければいけないか、他人から言ってほしいと思っているとしたら、ネットワークマーケティングビジネスはあなたには向いていない。

■真の成長

ネットワークマーケティングビジネスはBクワドラントのビジネスになり得る。でも、必ずそうなるとは限らない。そうなるかどうかはあなた次第だ。

ネットワークマーケティングは、Bクワドラントの世界に足を踏み入れたいと思っている人に最適の手段だ。EとSのクワドラントでの収入の可能性は、あなたが個人として生み出せる範囲に限定されるのが普通だが、ネットワークマーケティングビジネスでは、あなたのネットワークが生み出す収入の範囲内でいくらでも稼げる。つまり、大きなネットワークを作れば膨大なお金を稼ぐことも可能だ。

でも、ネットワークマーケティング会社に参加しただけでは、あなたの新しいベンチャービジネス（冒険的事業）はBクワドラントのビジネスにはならない――それが本当に大きくなるまでは。

ジョン：ビッグビジネスの専門的な定義は「五百人以上を抱える会社」だ。この五百人は普通従業員を指すが、ここで注目すべきは数字だ。五百人以上の販売代理人からなるネットワークを作ったとしたら、それはビッグビジネス、つまりBクワドラントのビジネスの定義にあてはまる。ネットワークマーケティングのシステムは、ビジネスが五百人をはるかに超える規模に成長できる仕組みになっている。一つのネットワーク組織が数千人、数万人規模になることはよくあるし、何十万人規模のものも珍しくない。

ネットワークマーケティングを始めたばかりの人はよく、生まれたてのネットワークからの収入を「自由に使えるお金」――ビジネスを始めた初日から勝手に使える収入――だと勘違いする。でも、ネットワークに含まれる人が五人、十人、五十人という段階、あるいはもっと増えて百人とか二百人に増えたとしても、その段階ではビジネスはまだ形成期にあって、「ビッグビジネス」にはなっていない。

ネットワークの構成員が五百人以上になり、さらに何千人という規模になってはじめて、あなたは不労所得を生み出す本当のBクワドラントのビジネスを手に入れたことになる。

でもこれは、ネットワークマーケティング会社に参加した時点から、五百人規模のビジネスに到達する時点までの期間がずっと形成期であること、つまり土台を築く時期であることを意味する。このことをよく頭に入れておこう。あなたの本当の目標から目を離さないようにしよう。本当の目標は収入を増やすことではなく富の形成だ。

■時間

もしあなたが、ネットワークビジネスを始めてすぐにお金を儲けられると思っているとしたら、あなたはまだEやSのクワドラントの住人と同じ考え方をしている。実際のところ、手っ取り早く金持ちになれると言って人を誘い込む怪しげな組織や大規模な詐欺にひっかかるのは、EやSのクワドラントの考えを持っている人が多い。

ジョン：ネットワークマーケティングには「一攫千金」方式は存在しない。ビジネスに必要な活動はシンプルだが、それには時間と努力が必要だ。それが不労所得を得るための基礎だ。

直接販売協会によると、ネットワークマーケティングへ誘われて「イエス」と答えるのは、平均して十人中一人だ。この割合は誘う側のビジネスオーナーの経験値が上がるに従って大きくなる。また、この数字が、ある程度数をこなしてはじめて現れるものであることもよく覚えておいてほしい。十人アプローチしただけではこの平均値ほどの成果はないかもしれない。でも百人アプローチすればそれが当てはまることがわかるだろう。

これまで長い間、ネットワークマーケティング業界の一部の人は、このビジネスをある種の「金持ちになる近道」として売り込んできた。もちろん、これはまったくばかげた話だ。ネットワークマーケティングに参加し、リーダーシップスキルを身につけ、ビジネスを築き、真の富を手に入れた人たちは、長年努力を積み重ねてそこに到達したのだ。

だから、すぐに成果が出るなどという話にだまされないようにしよう。ネットワークマーケティングは手品のように空中からお金を取り出す方法でもなければ、運がよければ六カ月で大儲けなどという、遊び半分のおふざけでもない。これはまじめなビジネスだ。ここで私たちが話しているのはあなた自身の人生そのものについてだ。

実際のビジネスの世界では、仕事を始めてから三、四カ月の間に成果をあげられなかったら首になる。ゼロックスはもう少し寛容だった。私が学ぶのに一年、それからさらにもう一年見習い期間をくれた。もしこの二年間の猶予がなかったら、私は首になっていたに違いない。

あなたの状況はこれとは異なる。ネットワークマーケティング会社はあなたを首にしたりしない。だから、自分で自分を首にするのはやめよう。数カ月、あるいは一年ほどやってみて、「ああ、これはだめみたいだ」などと言ってやめてしまってはいけない。必要な時間をきちんとかけよう。

ロバート：ジョン、私が「時間をかけろ」と言うと、必ずこう質問される。「わかりました。で、どれくらいの時間をかければいいんですか？」

ジョン：私だったら五年と答えるね。

ロバート：ぼくの答えもまったく同じだ。実際のところ、どんなビジネスを築く時でも同じだ。ぼくはそれを「私の五年計画」と呼んでいる。

■五年計画

この旅を始めることを真剣に考えている人に私が勧めたいのは、学び、成長し、価値観を変え、新しい友達に出会うために最低五年間はがんばると自分に誓うことだ。なぜか？　なぜなら、それが現実的なプランだからだ。

ハワード・シュルツがスターバックスを、レイ・クロックがマクドナルドを、そしてマイケル・デルがデル・コンピュータを作るのには何年もかかった。すばらしい会社とすばらしいリーダーを育てるには時間がかかる。私もBクワドラントのビジネスを成功させるのに何年もかかった。あなたが自分のネットワークマーケティングビジネスを作り上げるのに何年もかかっても不思議はない。あなたの場合だけ違うという理由は何もないのだから。

たいていの人は年単位でものを考えない。世の中にあふれる広告や、Eクワドラントに特徴的な、毎月の給料をもとにした価値観に影響されて、満足感をすぐ手に入れられるかどうかを基準にものを考える。Bクワドラントに足を踏み入れようとしている人が「一攫千金」話に簡単に乗ってしまうのも無理はない。

「一週間前に参加登録した。いつから大儲けできるのか？」

よく聞いてほしい。「手っ取り早く金持ちになる」という言葉には矛盾がある。「手っ取り早く」と「金持ちになる」という言葉は一緒には使えない。豊かな人間関係はすぐには作れないし、高い評価を受ける小説は一晩では書けない。豊かさを作り出すには時間がかかる。ほかのどんな分野でも同じだが、金銭的な豊かさの場合もそうだ。だからこそBクワドラントの人間がこんなにも少ないのだ。たいていの人はお金はほしがるが、自分の時間を投資するのはいやがる。

マルコム・グラッドウェルは著書『天才！　成功する人々の法則』の中で、何であれその道に秀でるためにはおよそ一万時間の大きな努力が必要だと説明している。ビル・ゲイツはハイスクール時代、プログラミングに一万時間を費やした。まだ有名になることを夢見る、イギリスの無名のバンドの一つに過ぎなかった頃、ザ・ビートルズはハンブルクのナイトクラブで一日七時間、一週間に七日演奏し、最終的にはおよそ一万時間それを続けた。

グラッドウェルはこう説明する。「この『一万時間ルール』に関して実に興味深い点は、このルールがほとんどどんなことにでもあてはまることだ。一万時間の実戦を経なければ、チェスの国際試合で入賞するような『グランドマスター』にはなれないし、六歳でテニスをやり始めた神童は十六歳か十七歳でウィンブルドンに出場する――ボリス・ベッカーのように。四歳でヴァイオリンを弾き始めたクラシック音楽家は十五歳あたりでカーネギー・ホールでデビューする」

一万時間。計算してみてほしい。一日八時間、週に五日フルタイムでせっせと働いたとして、一万時間に達するのは五年後だ。

ラッキーなことに、あなたがネットワークマーケティングを習得するのはチェスのグランドマスターになるのとは違う。あなたはボリス・ベッカーやザ・ビートルズ、ビル・ゲイツになる必要はない。世界一になる必要はないのだ。あなたに必要なのはビジネスのスキルをマスターすることだ。そのためにはフルタイムで週に四十時間働く必要はないかもしれない。でも、不労所得をもたらしてくれる大きなネットワークを築くのに必要なことを学びマスターしようと思ったら、自分のためを思って充分な時間を自分に与えよう。

ところで私は、今もこの五年計画を活用している。

今でも何か新しいこと——たとえば、不動産への投資——を学ぼうと決めたら、そのプロセスを学ぶために五年かけることを自分に許す。株式投資の方法を学びたいと思った時も自分に五年の猶予を与えた。多くの人は一度やってみて数ドル損をしたところでやめてしまう。最初の間違いでやめてしまうのだ。だから何も学べない。負けることは勝つプロセスの一部だ。「勝者は一度も負けない」などと考えるのは敗者だけだ。敗者はどんな犠牲を払っても間違いは避けるべきだと考える。だが、間違いは大事な教えを学ぶための貴重なチャンスだ。

今も私は自分に五年の猶予を与え、できる限りたくさんの間違いを犯す。そうする理由は、間違いを犯してそこから学ぶ回数が多ければ多いほど、自分の頭がよくなることを知っているからだ。もし五年間何も間違いを犯さなかったら、私は五年前と比べて少しも頭がよくならない。ただ、五年分、年をとるだけだ。

■これまでに学んだことを忘れる時間も自分に与える

このビジネスを通してあなたはたくさんのことを学ぶことになるが、それと同時に「これまでに学んだことを忘れる」作業も必要な場合が多い。

EやSのクワドラントにどっぷり浸かっている人がこれほど多い理由の一つは、彼らがそこで居心地よく感じ始めているからだ。でも、それはこの二つのクワドラントが残りの二つのクワドラントよりも、そもそも居心地がいい場所だからというわけではない。実際、この二つのクワドラントでは、ばかみたいにたくさんの税金を取られるし、時間は自分の自由にならないし、いやでたまらない人たちと強制的に働かされる場合も多い。つまり、この二つのクワドラントが本当にかなり居心地の「悪い」場所である理由はいくつもある。それでも人々はそこを居心地よく感じ始める。なぜなら、そこで生きる方法を学ぶのに何年もの年月をかけてきたから、そして、それが彼らの知っていることのすべてだからだ。

ネットワークマーケティングの世界に飛び込むと、このような状況がすべて変わる。昔ながらの会社の従業員、あるいは自営業者としてそれまで過ごしてきた期間に得た仕事の経験は、多くの場合ネットワークマーケティングでは役に立たない。決められた労働時間、固定給や時間給、上司、トップ経営陣に至る序列の存在、はっきりと特定された顧客、明確に線引きされたテリトリー、有形の設備など、従来型の職場にたくさんある「お飾り」の多くはこのビジネスには存在しない。

昔ながらのセールスの仕事をしてきた人は、前にも言ったように、そこで学んだスキルのうちかなりの部分を忘れたいときっと思うだろう。なぜなら、ネットワークマーケティングで肝心なのは、「あなた自身ができること」ではなく、「あなたにできて、しかも複製可能なこと」だからだ。

従業員を管理する経験を持っている人も、これまで学んだことをある程度まで、忘れる必要が出てくるだろう。なぜなら、ネットワークマーケティングでは、人を雇ったり、首にしたり、何をすべきか指示を出したりしないからだ。この二十一世紀のビジネスはまったく新しい展開を持つビジネスモデルだ。ここで成功するためには、おそらく古い習慣の一部を脱ぎ捨てる必要が出てくるだろう。

学ぶことに時間をかけるのと同じように、古い考え方を捨てるのにも時間をかけよう。クワドラントの左側から右側に移るプロセスのうち、一番大変なのがEやSのクワドラントの考え方を捨てることだという場合もある。でも、それまでに学んだことを忘れたら、そのあとは変化のスピードが上がり、楽になる。

■行動あるのみ

計画を立てたり、調べたり、学んだり、好きなだけしていいが、結局のところ、ネットワークマーケティングで成功するのは行動を起こした人だけだ。今日行動し、明日も行動し、その後も毎日行動し続ける人だけが成功する。

第二十章

望み通りの人生を生きる

何が人を金持ちにするか？　そう聞かれたらたいていの人は「もちろんお金だ！」と答えるだろう。でも、その答えは正しいとは限らない。実際のところ、お金を持つだけでは金持ちにはなれない。なぜなら、常にそれを失う可能性があるからだ。同じように、不動産を所有しても、それはあなたを本当の金持ちにはしてくれない。なぜなら、最近数年の間、世間の大きな注目を浴びているように、不動産は価値を失うことがあるからだ。

では、何があなたを金持ちにするか？　それは「知識」だ。

■ 貴重な教訓

青年時代、不動産投資もまだ始めていない頃、私が最初に投資したのは金《きん》だった。「金こそが唯一の本当のお金だ。それで損をするはずがない」私はそう考え、一九七二年、金が一オンス約八十五ドルの時に金貨を買い始めた。二十五歳の時だ。そして、三十二歳になった時、金の値段は一オンス八百ドルに近づいていた。私のお金は十倍近くに増えていた。やったあ！

人々は熱くなり、強欲が慎重さを押しつぶした。一オンス二千五百ドルまで上がるだろうという噂が流れ、欲に駆られた投資家たちが殺到した。中にはそれまで金など買ったことのない人もいた。私はその時点で金貨を売ってかなりの利益を手にすることもできたが、そうはせず、もっと値上がりすることを期待して持ち続けた。およそ一年後、金の値段が一オンス五百ドル以下に下がったところで、私はとうとう最後の金貨を売った。その後、金の値段はどんどん下がり続け、一九九六年には一オンス二百七十五ドルまで下がった。

たいしてお金は儲からなかったが、金はお金に関する貴重な教訓を私に残してくれた。この時、「本当のお金」に投資しても、実際に損することがあり得ると知ってから、価値があるのは有形の資産そのものではないことに私は気付き始めた。最終的にその人を金持ちにしたり貧乏にしたりするのは、資産に関してその人が持っている「情報」だということがわかったのだ。

あなたを金持ちにしてくれるのは不動産でも、金でも、株式でも、一生懸命に働くことでも、お金そのものでもない。結局のところあなたを金持ちにしてくれるのは、あなたの持っている「ファイナンシャル・インテリジェンス（お金に関する知性）」だ。

ファイナンシャル・インテリジェンスは学業における知性とはまったく関係がない。学校で評価される学術的知性の面では天才並みなのに、ファイナンシャル・インテリジェンスはほとんどゼロということもある。ファイナンシャルＩＱの高い人とは次のような人だ――

①より多くのお金を稼ぐ方法を知っている

稼いでいるお金が多ければ多いほど、ファイナンシャル・インテリジェンスは高い。一年に百万ドル稼ぐ人のファイナンシャルＩＱは三万ドル稼ぐ人より高い。

②自分のお金を守る方法を知っている

世界はあなたからお金をとろうと手ぐすね引いて待っている。そこで待っているのはバーニー・マードフのような詐欺師ばかりではない。最大の「略奪者」はあなたのお金を合法的にとっていく政府だ。

年に百万ドル稼ぐ人が二人いたとしよう。そのうち一人が二十パーセント税金を払っていて、もう一人が三十五パーセント払っていたとしたら、税率の少ない人のほうがファイナンシャルＩＱが高い。

③自分のお金を計画的に使う方法を知っている

金持ちの考え方ではなく貧乏人の考え方でお金を使っているという、ただそれだけの理由で、自分が稼いだお金のうち多くをとっておけないでいる人がたくさんいる。計画的にお金を使うには高いファイナンシャルＩＱが必要だ。

また二人の人を例に挙げよう。Ａさんは年に十二万ドル稼いでいる。Ｂさんの年収はわずか六万ドルだ。どちらがファイナンシャル・インテリジェンスが高いだろう？　Ａさん？　そうあわてないでほしい。たとえば、Ａさんは毎年の支出も十二万ドルで、年末にはいつもゼロの状態に戻るとしよう。一方、六万ドルしか稼ぎのないＢさんは慎重に計画を立て、わずか五万ドルでそこそこの生活をすることができて、残りの一万ドルを投資しているとしよう。どちらの人が最終的により多くのお金を手にするだろう？

あなたにお金の管理能力がなければ、どんな大金もあなたを救えない。自分のお金を賢く使うために計画を立て、ＢとＩのクワドラントについて学べば、個人的な富の形成の旅を始めることができる。その道の先にあるのは富の形成だけではない。もっと重要なのはその先に自由があることだ。

稼いでいるお金の額が少なかろうが多かろうが、そこそこの暮らしをして、それでなおかつ投資ができる状態でいるには、高いファイナンシャル・インテリジェンスが必要だ。それを目指して意図的に計画を立てなければ余分なお金は残らない。

④自分のお金にレバレッジを効かせる方法を知っている

余分なお金が残るように資金計画を立てたら、次の課題はその余分なお金にレバレッジを効かせることだ。投資収益率はファイナンシャル・インテリジェンスを測る基準の一つだ。自分が持っているお金に対する投資収益率が五十パーセントの人は、それが五パーセントの人よりファイナンシャルIQが高い。また、非課税で五十パーセントの投資収益率を上げている人は、五パーセントしか儲けられなくて、しかもその収益に対して三十五パーセントの税金を払っている人よりずっとファイナンシャルIQが高い。

たいていの人はいくらかでもお金が余ると、それを貯めようとして銀行に預けたり、投資信託ポートフォリオに組み入れたりする。そうすることで自分のお金にレバレッジを効かせているつもりだが、貯金や投資信託よりずっといいレバレッジの方法はほかにいくらでもある。貯金したり投資信託を買うには高いファイナンシャル・インテリジェンスは必要ない。サルを訓練して、お金を貯めたり投資信託を買うようにさせることは可能だ。この二つの投資手段の収益率が、どんな時代を振り返ってもみじめなほど低いのは、まさにそれだからだ。

■望み通りの人生

ネットワークマーケティングビジネスの目的は、ただ単にお金をもたらすことではなく、そこから生まれた余分なお金を使って真の富を築くためのスキルとファイナンシャル・インテリジェンスをあなたにもたらすことだ。

でも、これも最終的な目的ではない。富の形成の最終目的は、あなたがすばらしい人生を送ることだ。私はこれまでにさまざまに異なる状況にある人々を観察してきたが、その経験から言えるのは、人生の生き方には三つの種類があるということだ。この三つの生き方は異なる三つの感情によって方向付けられている。それらはまた、三つの異なる金銭的、感情的状態とも密接な関わりを持っている。

①恐怖を抱えながら生きる

一文無しになることがどんなことか私は知っている。いろいろな意味で私にとって人生最悪の年だった一九八五年、キムと私が金銭的に窮地に陥り文字通りホームレスとなって、自分たちのおんぼろ車の中で暮らしていたことは前にお話しした。あの時期、私たちが感じていた恐怖はとても大きく強烈で、そのせいで私たちは身体が麻痺したように、しばらく何もできなかった。

このような感覚は私にとってはあの時がはじめてではなかった。幼い子供の時に同じ感覚を経験していた。私が育った家庭はたいていいつも、ほぼ一文無しの状態だった。子供時代の大半は、お金が足りないことに対する不安が黒雲のように私たちの家の上にのしかかっていた。生活するのに充分なお金がないというのは実にいやな経験だ。そして、それは金銭的のみならず、いろいろな意味で人間に害を与える。自信や自尊心を失わせ、人生のありとあらゆる場面で邪魔をする。

②怒りと欲求不満を抱えながら生きる

二番目の生き方は、毎朝起きて会社に行かなければならない――特に、本当はほかのことをやっていたい時に――ことに対する怒りと欲求不満を抱えながら生きる生き方だ。このような感情を持ちながら生きている人の中には、いい仕事に就いて高給を取ってはいるが、仕事をやめるだけの経済的余裕がないという人もいる。そんな状態だから欲求不満になる。そういう人たちは、もし仕事をやめたら自分が今生きている世界が崩れ落ちてしまうのを知っている。

こういう生き方をしている人は、こんなことを言うかもしれない――

「お金がないから仕事をやめられない。もしやめたら、銀行がどっと押し寄せてきて何もかも持っていってしまう」

「次の休暇が待ちどおしい」

「あと十年がんばれば定年だ」

③喜びと平安、満ちたりた心とともに生きる

三つ目の生き方は、自分が働こうが働くまいが充分なお金が入ってくるとわかっていて、安心した気持ちで生きる生き方だ。キムと私は、一九九四年にビジネスを売って引退した時からずっと、そのような気持ち

で人生を送っている。あれから何年も経った今、私たちはまだ働いている。実際のところ、それもかなりせっせと働いている。なぜか？　それは自分たちがやっていることを愛しているからだ。

自分たちが何をしようと、一生、必要以上のお金が入ってくるとわかっていて、働く「必要がない」という状態は、とても解放された気持ち、わくわくする感覚を与えてくれると同時に、本当に愛していることを私たちがやることを可能にしてくれる。

キムと私は一緒に時を過ごす。それがゴルフをすることであれ、世界中を飛び回ることであれ、あるいは重役会議室で長い時間を過ごすことであれ、私たちにとってそれはすべて楽しいことであり、実現された夢の一部でもある。これは私たちが常に「こうあってほしい」と願っていた人生そのものだ。私たちはその人生のすべての瞬間を大切に味わっている。

■ アリとキリギリスと人間

前に、アリとキリギリスの寓話についてお話しした。私たちはみんな、この寓話に込められた、人生には二つの生き方があるという考え方とともに育ってきた。一つは善良で控えめ、勤勉で質素なアリのように、将来に備えてパンくずを蓄える生き方、もう一つは無責任で浪費家のキリギリスのように、将来のことなど考えず、毎日何もせずに遊び暮らす生き方だ。

この二つのイメージはある意味、いい影響よりもむしろ悪い影響を私たちに与えてきたかもしれない。確かに、責任感に駆り立てられて質素に暮らすのも、将来に備えるのもいいことだ。でも、アリのライフスタイルをよく見てみるといい！　巨大な巣の中で歯車の一つとなって、小さな土の塊を毎日毎日せっせと運び続けて一生を終わる。そんな人生を送りたいとあなたは本気で思っているのだろうか？

現実的に考えよう。私たちはアリでもキリギリスでもない。人間だ。人類に可能な限り、満ち足りた人生を生きられて当然だと期待するのは、とんでもないことなのだろうか？

もし富を形成するための基本をマスターしたら、もし自分のお金と時間と集中力を賢く管理したら、もし大きな夢を持ち、それを追いかけるだけの勇気を奮い起こしたら、あなたはきっと普通では考えられないような成功に満ちた人生を送ることができる。

（第二十一章）

二十一世紀のビジネス

私がネットワークマーケティングをこれほど重視している理由の一つは、それが本当の意味での機会均等のビジネスだからだ。ネットワークマーケティングはとても大きな網を広げている。全世界で六千万人と言われるこのビジネスへの参加者の顔ぶれをよく見たら、そこにあらゆる皮膚の色の人、あらゆる宗教の人、あらゆる年齢の人、経歴、経験、スキルの程度がさまざまに異なる人たちが含まれているのがわかるだろう。

このことはまた、ネットワークマーケティングが未来のビジネスである理由でもある。前にも言ったように、二十一世紀の今日、私たちは富の獲得が、一方の得点がもう一方の失点となる「ゼロサム」ゲームではないことに気付きつつある。これはかつてなかったことだ。今は、一部の人が豊かになるためにほかの人たちが豊かになるのを阻止する必要はない。真の富の未来は、すべての人類の金銭的な幸福度を高めるようなビジネスをやるという、先駆的な方法の中にある。

機会均等と、ゼロサムゲームではない富の獲得は、ビジネスに関して私が個人的に大事だと思っている価値だ。そして、ネットワークマーケティングも同じ価値観を持っている。これらの価値を守ることは、精神的な満足を与えてくれるだけでなく、ビジネスの面でも、つまり金銭的にも大きな満足を与えてくれる。

■民主的な富の形成方法

私がネットワークマーケティング業界を支持し、促進するためにこれほどエネルギーをつぎ込む大きな理由の一つは、ごく単純な次のような理由からだ――このシステムはこれまでの富の獲得のシステムと比べて公平だ。

ネットワークマーケティングシステムは、どんな人でも富の分配を受けることができるように作られている。これはとても民主的な富の形成方法だ。このシステムは、やる気と決意と忍耐のある人なら誰にでも門戸を開いている。どこの大学に通ったか、あるいはそもそも大学に通ったかどうかも関係ない。今あなたがいくら稼いでいるか、人種、性別は何か、見た目がいいか、両親が何をしているか、人望はあるか……そんなことも関係ない。たいていのネットワークマーケティング会社が注目するのは、自ら進んで学習し、変化し、成長する気があるか、そして、ビジネスオーナーになる方法をマスターするまで、どんなことがあってもやり通す気があるかどうかだ。

ネットワークマーケティングは確かに、試してみる価値のある「いいアイディア」の一つだが、単にそれにとどまらない。それ以上のものだ。つまり多くの点で、これこそが未来のビジネスモデルだと言える。なぜか？　それは、世界がやっと、産業時代が終わったという現実に目を覚まし始めたからだ。

以前のような仕事による安定の保障がどんどんなくなっている今の世界において、ネットワークマーケティングは、個人が何事かを成し遂げ、安定を得るための新しい原動力として浮上しつつある。ネットワークマーケティングは世界中の何百万という人々に、自分の人生と将来の経済状態をコントロールする力を手にするチャンスを与える。だからこそ、たとえ「旧世界」の考え方にとらわれている人たちがそれに目を向けるのを拒否し続けたとしても、ネットワークマーケティングは確実に成長を続ける。

これから先、数年の間に、トップクラスのネットワークマーケティング会社が爆発的に普及、浸透し、注目を浴びるようになるのは間違いない。

前に、トーマス・エジソンがどのようにして金持ちになったか、電球を改良することによってではなく、電球に電力を供給するネットワークを作り出すことによって金持ちになったいきさつをお話しした。エジソンの従業員の中にヘンリーという名の若者がいた。この若者は当時、実際的な利用価値はないように見えた別の新発明品を相手に、エジソンがやったことと非常に似通ったことを成し遂げた。

エジソンの場合の電球と同じように、若きヘンリー・フォードも自動車自体を発明したわけではないが、この発明品の運命とともに何百万もの人の運命を根底から変えるような、非常に革命的なことをやり遂げた。世紀の変わり目のその頃、自動車は珍品、金持ちのおもちゃと考えられていた。実際のところ、それは異常に値段が高く、金持ちにしか買えなかった。フォードの革命的アイディアとは、自動車を誰にでも手に入れられるものにすることだった。

生産コストを大幅に削減し、流れ作業の組立ラインを取り入れて、標準化された安価な車を大量生産することで、フォードの会社は世界一の自動車製造会社となった。フォードは自動車を誰にでも手に入れられる値段にしただけでなく、製造業界で最高の給料を払い、社員への利益還元プランまで用意した。彼が社員に分配した利益は三千万ドル以上に上る——一九〇〇年代初頭の三千万ドルの価値は今の何倍にもあたる！

フォードが公言していた使命は「自動車の民主化」だった。そして、この使命を果たす過程で彼自身、大金持ちになっていった。

ネットワークマーケティングは革命的なビジネスモデルだ。それによって、人類の歴史が始まって以来はじめて、誰もが富を分かち合うことが可能になった。今までは、世界の富はごく一部の選ばれた人々、幸運に恵まれた人々だけのものだった。

どんなことでもそうだが、このビジネスにもその価値に傷をつける人たちがいる。ほかと同様、この業界も、強引な勧誘員やペテン師、手っ取り早く金儲けをしようする、倫理観の欠如した人間たちの魔手からは逃げられず、これまでにもいろいろあった。でも、ネットワークマーケティングがその本来の特質、仕組みから言って、非常に公平で民主的、そして社会的責任感を持った、富を生み出すシステムであることに変わりはない。

怪しげな連中はあなたにいろいろおいしい話をするだろうが、実はネットワークマーケティングは、欲張りな人間にはあまり適していないビジネスだ。実際のところ、ネットワークビジネスで金持ちになる唯一の方法は、そのプロセスで、他人が金持ちになるのを助けることだけだ。私から見るとこれは、トーマス・エジソンやヘンリー・フォードのやり方が当時革命的であったのと同じくらい革命的な方法だ。このシステムはそもそも仕組みからして、他人を助けることが好きな人に理想的な作りになっている。

私は必ずしも強欲さが悪いとは思わない。適度な欲張り心と私利追求意欲はあって当然だし、そのほうが健全だ。でも、私利追求意欲が度を越し、他人を犠牲にしてまでそれを求めるようになると、それは非常に不快なものになる。私は、たいていの人は本来気前がよく、他人を蹴落とすのではなく他人の役に立つようなことを成し遂げた時に、最大の満足と達成感が得られると信じている。

ネットワークマーケティングは人間のこの本能的な気前のよさを満足させてくれる。このビジネスは個人的な成功と大きな富の形成、そして経済的な自由の獲得につながる道を私たちに与えてくれるが、そのために必要なプロセスは、同胞たる人類の手助けをすることによってのみうまく機能する。

出し惜しみし、強欲になることで金持ちになることは可能だ。でも、気前よく、出し惜しみしないようにすることで金持ちになることも可能だ。あなたが選ぶ方法はあなたの心の奥底にある価値観、コア・バリューに一番密接に結びついた方法になるだろう。

■平和のための経済的基礎

私は軍務を帯びてベトナムのジャングルの上をヘリコプターで何度も飛んだ。だから、戦争がどんなものか身をもって知っている。また、戦争の根本的な原因の一つが不平等にあることも知っている。金持ちと貧乏人の間のギャップが広がり続ける限り、平和に必要な条件を作り出すことはむずかしいだろう。私たちは平和のために行進することも、平和擁護のスピーチをすることも、平和を学ぶ委員会を作ることも、平和を広めることもできる。でも、何百万という人々に、もっと決定的に多くの経済的チャンスをもたらすことができない限り、その平和を実際に作り出すことは不可能だろう。

これはとてつもなく大きな目標に聞こえるかもしれないが、ネットワークマーケティングがやっているのはまさにこれだ。

今、多くのネットワークマーケティング会社が、経済的チャンスを与えることを通して世界中に平和を広げている。ネットワークマーケティングは世界中のすべての大都市で急成長しているが、それだけでなく、発展途上国でも機能していて、貧困諸国に住む何百万という人々に経済的な希望をもたらしている。一方、従来型の典型的な企業は、人々が金持ちで、使うお金を持っていない限り生き延びることができない。

今こそ世界中の人が、金持ちをより金持ちにするためだけにせっせと働いて一生を送るのではなく、豊かで不自由のない人生を手に入れるチャンスを平等に与えられるべき時だ。

今こそ、あなたがそのチャンスをつかむ時だ。

二十一世紀にようこそ！

著者紹介

ロバート・T・キヨサキ

本書の著者ロバート・キヨサキは、個人ファイナンス関連書籍で前代未聞のベストセラーとなった『金持ち父さん　貧乏父さん』の著者でもある。この本は、世界中の多くの人々のお金に対する考え方に疑問を投げかけ、変化をもたらした。そして、ニューヨークタイムズ、ビジネスウィーク、ウォールストリートジャーナル、USAトゥデイの四紙のベストセラーリストすべてにおいて連続ベストセラー入りの最長記録を打ち立てた。また二年連続で「USAトゥデイ・マネー関連書籍ナンバーワン」に選ばれ、実用書のベストセラーとしては歴代第三位の連続記録を持っている。

お金と投資に関するロバートの考え方は、往々にして従来の伝統的な考え方と対立する。そのためロバートは、率直で大胆、かつ時として不遜な物言いをするとの評価を得ている。「いい仕事に就いてせっせと働き、お金を貯め、借金を返し、株式や債券、投資信託などの分散したポートフォリオに長期投資をしろ」という「古い」アドバイスが「悪い」アドバイスだとするロバートの見方は、現状に真っ向から異議を申し立てるものだ。「持ち家は資産ではない」という彼の主張は物議をかもしたが、その後、それが事実であったことが証明された。

「金持ち父さんシリーズ」のうちそのほかの四冊も、ニールセン・ブックスキャン・リストの二〇〇一年から二〇〇八年までの累積売上トップテンに入っている。五十一の言語に翻訳され、百九カ国で読まれているこのシリーズは、世界中で二千八百万部以上売れ、アジア、オーストラリア、南アメリカ、ヨーロッパなどの各地でベストセラー入りしている。二〇〇五年には、ロバートは売上部数上位二十五人の作家の一人として、オンライン書店アマゾンの殿堂入りを果たした。彼の著書の中で特に有名な一冊『あなたに金持ちになってほしい』は、ロバートの親しい友人のドナルド・トランプとの共著で、出版と同時にニューヨークタイムズのベストセラーリストの一位に躍り出た。この二人による二冊目の著作も、近々出版される予定だ。

ジョン・フレミング

ジョン・フレミングはヴァージニア州リッチモンドで生まれ育った。イリノイ工科大学を卒業後、現代建築の巨匠ファン・デル・ローエのもとで働き、その著書『構造の美学』では多くの図版の製作を担当した。

ジョンの知識は、設計と建築の原理が人生に応用できるという考えに発展した。建築の概念を利用すれば、ごく平凡な人々にも非凡なことが成し遂げられるという固い信念をもとに、直接販売の世界へとキャリアを方向転換した。

　ジョンは、この業界が長らくあらゆる階層、職業の人に門戸を開いてきたことを知った。このビジネスモデルを使えば、だれもがセールスの基本的なスキルを学び、自由企業制に参加できると考えた。以後四十年、ジョンはこの理論を自身で試し、人々にも勧めてきた。

　ジョンは今、起業家、コンサルタント、著作家、講演者として成功を収めている。直接販売会社を所有、経営し、一流企業数社の重役も務める。エイボン・プロダクツ社では西半球ビジネスユニットを担当、売上総額、純益の両面で六年連続成長の記録を立てた。

　彼はまた直接販売協会と直接販売教育財団の理事として活躍し、一九九七年、同財団より最高の栄誉、サークル・オブ・オナーを授与された。二〇〇六年には、『ダイレクト・セリング・ニューズ』の発行人、編集主幹に就任、業界リーダーに自らの知識と考察を提供している（www.directsellingnews.com）。さらに二〇〇八年からは非営利団体SUCCESS財団の代表取締役として、若者が自分の可能性を引き出すのに必要な自己啓発スキルを学ぶ手助けをしている（www.successfoundation.org）。

　建築の原理を使って豊かな人生を築く方法を説明した"The One Course"の著者でもある。

キム・キヨサキ

　女性たちにお金と投資について教えることに情熱を燃やすキムは、自分の経験を生かして、ファイナンシャル教育をサポートするという自分の使命を果たそうとしている。

　キムは自分の力で財をなし、ミリオネアになった。幸せな結婚をしているが、とても独立心の強い女性だ。彼女の初の著書『リッチウーマン』はビジネスウィーク誌のベストセラーリストに載り、メキシコ、南アメリカ、インド、オーストラリア、ニュージーランド、ヨーロッパ各国を含む世界中でベストセラーになった。ドナルド・トランプは「この本はすべての女性の必読書だ。今は、これまでのどんな時代にもまして、女性たちがお金についての知識を必要としている」と評している。

　キムと夫のロバートは、多くのアメリカ人が今直面する経済的な危機を熟知している。一九八〇年代、二人は家も仕事もなく四十万ドル以上の借金を抱えていた。その大変な時期に、二人は「悪い負債」から抜け出るための「十段階方式」を編み出し実行した。現在、二人は起業家、ベストセラー著作家として活躍中だ。

　二人は一九九六年に、金持ち父さんから何年もかけて学んだ、お金と投資に関する戦略を人々に伝えるために、ボードゲーム「キャッシュフロー」を開発した。現在、世界各国に何千というキャッシュフロークラブがある。

　一九九七年、キムとロバートはリッチダッド・カンパニーを創立した。この会社はファイナンシャル・リテラシーに関する金持ち父さんのメッセージと使命を、書籍、ゲーム、そのほかの方法を使って世の中に広め、国際的な認知と称賛を得ている。

白根美保子
Sirane Mihoko

翻訳家。早稲田大学商学部卒業。

訳書に『ボルネオの奥地へ』（めるくまーる）、『死別の悲しみを癒すアドバイスブック』『金持ち父さん　貧乏父さん』（筑摩書房）、『ロジャー・マグネット流サクセスアドベンチャー』（三修社）、『悲しみがやさしくなるとき』（共訳・東京書籍）などがある。

金持ち父さんシリーズ

●「金持ち父さん　貧乏父さん――アメリカの金持ちが教えてくれるお金の哲学」
●「金持ち父さんのキャッシュフロー・クワドラント――経済的自由があなたのものになる」
●「金持ち父さんの投資ガイド　入門編――投資力をつける16のレッスン」
●「金持ち父さんの投資ガイド　上級編――起業家精神から富が生まれる」
●「金持ち父さんの子供はみんな天才――親だからできるお金の教育」
●「金持ち父さんの若くして豊かに引退する方法」
●「金持ち父さんの予言――嵐の時代を乗り切るための方舟の造り方」
●「金持ち父さんの金持ちになるガイドブック――悪い借金を良い借金に変えよう」
●「金持ち父さんのパワー投資術――お金を加速させて金持ちになる」
●「金持ち父さんの学校では教えてくれないお金の秘密」
●「金持ち父さんの起業する前に読む本――ビッグビジネスで成功するための10のレッスン」以上すべてロバート・キヨサキ、シャロン・レクター著／白根美保子訳／筑摩書房
●「金持ち父さんのファイナンシャルIQ――金持ちになるための5つの知性」ロバート・キヨサキ著／白根美保子訳／筑摩書房
●「金持ち父さんの21世紀のビジネス」ロバート・キヨサキ、ジョン・フレミング、キム・キヨサキ著／白根美保子訳／筑摩書房
●「金持ち父さんのサクセス・ストーリーズ――金持ち父さんに学んだ25人の成功者たち」キヨサキ、レクター著／春日井晶子訳／筑摩書房
●「金持ち父さんの金持ちがますます金持ちになる理由」キヨサキ著／井上純子訳／筑摩書房
●"Rich Dad's Escape from the Rat Race"
●「人助けが好きなあなたに贈る金持ち父さんのビジネススクール」マイクロマガジン社

ドナルド・トランプとの共著

●「あなたに金持ちになってほしい」トランプ、キヨサキほか著／白根、井上訳／筑摩書房

エミ・キヨサキとの共著

●「リッチブラザー　リッチシスター――神・お金・幸福を求めて二人が歩んだそれぞれの道」ロバート・キヨサキ、エミ・キヨサキ著／白根美保子訳／筑摩書房

キム・キヨサキの本

●「リッチウーマン」キム・キヨサキ著／白根美保子訳／筑摩書房

金持ち父さんのアドバイザーシリーズ

●「セールスドッグ――「攻撃型」営業マンでなくても成功できる！」
●「勝てるビジネスチームの作り方」以上、ブレア・シンガー著／春日井晶子訳／筑摩書房
●「不動産投資のABC――物件管理が新たな利益を作り出す」ケン・マクロイ著／井上純子訳／筑摩書房
●"Own Your own corporation" by Garrett Sutton
●"How to Buy and Sell a Business" by Garrett Sutton
●"The ABC's of Getting Out of Debt" by Garrett Sutton
●"The ABC's of Writing Winning Business Plans" by Blair Singer
●"The Advanced Guide to Real Estate Investing" By Ken McElroy

金持ち父さんのオーディオビジュアル

●「ロバート・キヨサキのファイナンシャル・インテリジェンス」タイムライフ（CDセット）
●「ロバート・キヨサキ　ライブトーク・イン・ジャパン」ソフトバンクパブリッシング（DVD）
●「金持ち父さんのパーフェクトビジネス」マイクロマガジン社

金持《かねも》ち父《とう》さんの21世紀《せいき》のビジネス

二〇一一年七月二十日　初版第一刷発行
二〇一一年十一月十五日　初版第五刷発行

著者　ロバート・キヨサキ／ジョン・フレミング／キム・キヨサキ
訳者　白根美保子（しらね・みほこ）
発行者　熊沢敏之
発行所　筑摩書房
東京都台東区蔵前二―五―三　〒一一一―八七五五　振替〇〇一六〇―八―四一二三
印刷・製本　中央精版印刷株式会社
ISBN978-4-480-86413-0 C0034

乱丁・落丁本の場合は、左記宛にご送付下さい。
送料小社負担でお取り替えいたします。
ご注文・お問い合わせも左記へお願いします。
〒三三一―八五〇七 さいたま市北区櫛引町二―六〇四
筑摩書房サービスセンター　電話〇四八―六五一―〇〇五三

『キャッシュフロー101』で
ファイナンシャル・インテリジェンスを高めよう!

読者のみなさん

『金持ち父さんシリーズ』を読んでくださってありがとうございました。お金についてためになることをきっと学ぶことができたと思います。いちばん大事なのは、あなたが自分の教育のために投資したことです。

私はみなさんが金持ちになれるように願っていますし、金持ち父さんが私に教えてくれたのとおなじことを身につけてほしいと思っています。金持ち父さんの教えを生かせば、たとえどんなにささやかなところから始めたとしても、驚くほど幸先のいいスタートを切ることができるでしょう。だからこそ、私はこのゲームを開発したのです。これは金持ち父さんが私に教えてくれたお金に関する技術を学ぶためのゲームです。楽しみながら、しっかりした知識が身につくようになっています。

このゲームは、楽しむこと、繰り返すこと、行動すること——この三つの方法を使ってあなたにお金に関する技術を教えてくれます。『キャッシュフロー101』はおもちゃではありません。それに、単なるゲームでもありません。特許権を得ているのはこのようなユニークさによるものです。このゲームはあなたに大きな刺激を与え、たくさんのことを教えてくれるでしょう。このゲームは、金持ちと同じような考え方をしなくては勝てません。ゲームをするたびにあなたはより多くの技術を獲得していきます。ゲームの展開は毎回違います。あなたは新しく身につけた技術を駆使して、さまざまな状況を乗り切っていくことになるでしょう。そうしていくうちに、お金に関する技術が高まる

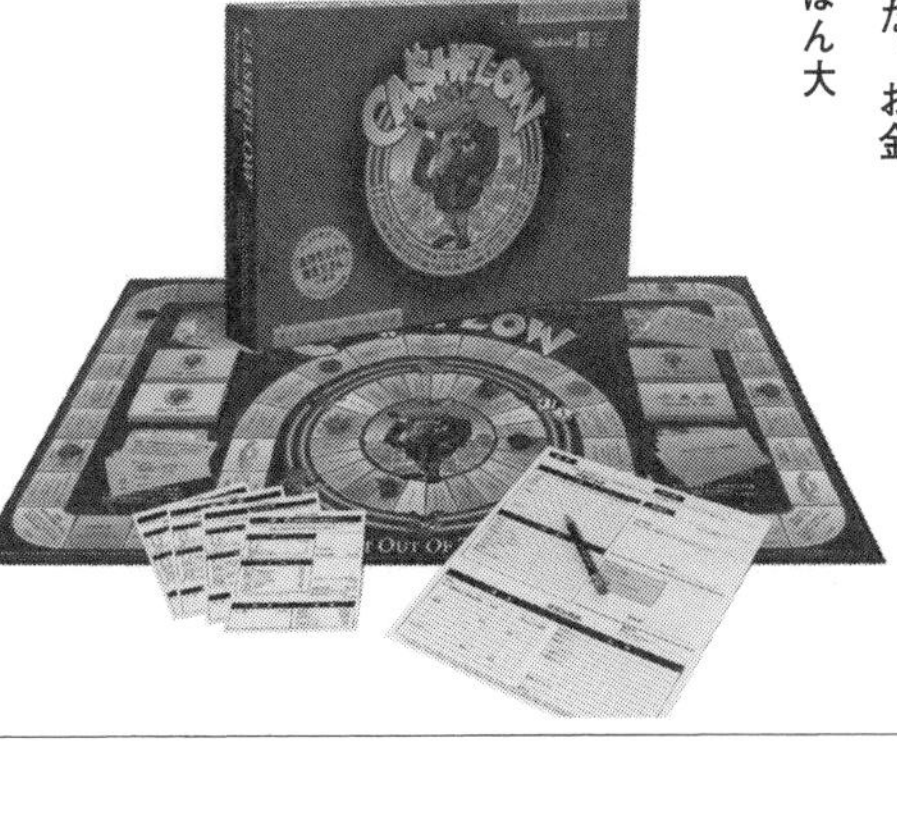

『キャッシュフロー101』
家庭で楽しみながら学べる
MBAプログラム

『キャッシュフロー・フォー・キッズ』
6歳から楽しく学べる子供のためのゲーム

と同時に、自信もついていきます。

このゲームを通して学べるような、お金に関する教えを実社会で学ぼうとしたら、ずいぶん高いものにつくこともあります。『キャッシュフロー101』のいいところは、おもちゃのお金を使ってファイナンシャル・インテリジェンスを身につけることができる点です。

はじめて『キャッシュフロー101』で遊ぶときは、むずかしく感じるかもしれません。でも、繰り返し遊ぶうちにあなたのファイナンシャル・インテリジェンスが養われていき、ずっと簡単に感じられるようになります。

このゲームが教えてくれるお金に関する技術を身につけるためには、まず少なくても六回はゲームをやってみてください。そのあと本などで勉強すれば、あなたはこれから先の自分の経済状態を自分の手で変えていくことができます。その段階まで到達したら、上級者向けの『キャッシュフロー202』に進む準備ができたことになります。『キャッシュフロー202』には学習用のCDが5枚ついています。

子供たちのためには、六歳から楽しく学べる『キャッシュフロー・フォー・キッズ』があります。

『キャッシュフロー』ゲームの創案者
ロバート・キヨサキ

ご案内
マイクロマガジン社より、日本語版の『キャッシュフロー101』(税込標準小売価格21,000円)、

『キャッシュフロー202』(同14,700円)、『キャッシュフロー・フォー・キッズ』(同12,600円)が発売されました。

紀伊國屋書店各店、東急ハンズ全国各店、インターネット通販などでお取り扱いしております。

なお、小社(筑摩書房)では『キャッシュフロー』シリーズをお取り扱いしておりません。

また、携帯電話ゲーム版「キャッシュフローゲーム」の配信もスタートしました。

詳しい情報は金持ち父さん日本オフィシャルサイトをご覧ください。

金持ち父さん日本オフィシャルサイト http://www.richdad-jp.com
マイクロマガジン社ホームページアドレス http://www.micromagazine.net

ロバート・キヨサキの「金持ち父さん」シリーズ

金持ち父さんの金持ちになるガイドブック
悪い借金を良い借金に変えよう
定価（本体価格 952 円＋税） 4-480-86359-1

金持ち父さんのサクセス・ストーリーズ
金持ち父さんに学んだ 25 人の成功者たち
定価（本体価格 1500 円＋税） 4-480-86361-3

金持ち父さんのパワー投資術
お金を加速させて金持ちになる
定価（本体価格 1900 円＋税） 4-480-86367-2

金持ち父さんの学校では教えてくれないお金の秘密
定価（本体価格 1200 円＋税） 4-480-86369-9

金持ち父さんの起業する前に読む本
ビッグビジネスで成功するための 10 のレッスン
定価（本体価格 1900 円＋税） 4-480-86375-3

金持ち父さんの金持ちがますます金持ちになる理由
定価（本体価格 1500 円＋税） 978-4-480-86384-3

キム・キヨサキの本

リッチウーマン
人からああしろこうしろと言われるのは大嫌い！ という女性のための投資入門
定価（本体価格 1700 円＋税） 978-4-480-86379-9

不動産王ドナルド・トランプとロバート・キヨサキの本

あなたに金持ちになってほしい
定価（本体価格 2200 円＋税） 978-4-480-86381-2

▲表示されている価格はすべて 2011 年 7 月現在のものです。